conversation

비즈니스 관광

영어 · 중국어 실용회화

김영준·정양수 공저

Business Tour Practical Conversation...

신아사

머리말

21C 디지털 경제시대에 있어 생존경쟁을 위한 국제경쟁력의 모체는 외국어능력이라는 사실을 부인할 수 없는 것이 현실이다. 특히 영어는 Anglo-saxon만의 것이 아닌 세계인의 공용어인 Global Language인 것이다.

이와 같은 맥락에서 비즈니스맨과 학생들은 외국어회화 능력을 향상시킬 것을 요청받고 있다. 무엇보다 회화는 인간교류(net-working)의 가장 기본적인 간단한 커뮤니케이션의 형태이므로 외국어에 관한 관심이 높아지고 있는 것도 당연한 일이다.

따라서 숙달된 외국어를 위한 최선의 길은 일상생활 또는 상황별에 따른 유용한 문장을 반복 연습을 통해 암기해 두는 것이다.

이러한 취지에서 본 교재는 일상생활영어와 중국어의 관용적 표현은 물론 각 상황별에 따른 적합한 문장을 구사하여 다양한 형태로 외국어 능력을 향상시킬 수 있도록 하였다.

본 교재의 구성은 영어 · 중국어 총 24Part로 평소 생소한 상황 외국어 문장들이 많이 수록되어 있으므로 실용회화를 희망하는 독자들에게 믿음직한 도우미가 될 것으로 사료된다.

'뜻이 있는 곳에 길이 있다'라는 글귀를 다시 한 번 되새기며 독자들의 외국어 능력을 향상시키기 위해 본 교재가 보다 근본적인 밑거름이 되기를 기대하면서 교재 발간을 흔쾌히 응해주신 [도서출판] 신아사 사장님과 편집위원에게 감사를 드린다.

잔메골 연구실에서

Contents

비지니스 · 관광
영어 · 중국어 실용회화

비지니스 · 관광

영어·중국어 실용회화

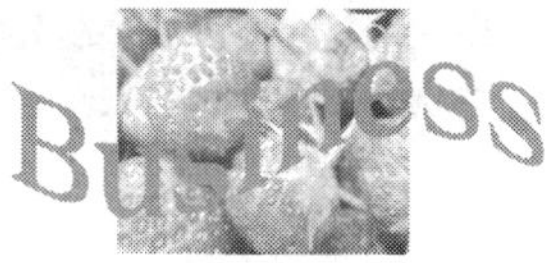

Part 1. 인 사

인사는 마음의 문을 열고
상대에게 가까이 간다는 뜻이 근본정신이므로
인사에는 적극성과 능동성이 요구된다.

· 매사에는 시작이 있고(Everything has a beginning.)
시작이 좋으면 끝이 좋은 것이다. (A good beginning makes a good ending.)

여러 상황 표현

안녕

· Hi, Hello.
· 你好! / 您好!

안녕, 존

· Hi, John.
· 约翰。你好!

잘있었니(친한 사이)

· Hi(Hello), there
· 你好! / 你好吗?

안녕, 스미스

· Good morning (afternoon, evening), Smith.
· 史密斯! 你好!(早上好!, 下午好, 晚上好!)

안녕, 어떻게 지내니?

· Hi, How are you?
· 你好吗? / 过得怎么样?

좋아(잘 지내요), 너는?

· Good, thanks. And you?
· I'm fine. How about you?
· Pretty good. How's your son?
· Pretty well. Yourself?
· I'm good, Just fine, I'm okay, I'm good.
· 我很好，你呢？

그냥 그래

· Just so-so.(Not so good, not so bad의 약어)
· Not so well
· 马马虎虎! / 还可以。

어때, 무슨 일 있으세요?

· What's up?, What's new?
· What's happening, What's cooking?
· 你有事吗？ / 出了什么事?

그냥 그래.(별일 없어요, 특별한 일 없어요)

· Nothing much. Not much. Nothing. Not so bad.
Nothing in particular. Nothing special.
· 马马虎虎! (没事 / 没什么特别的)

Positive Response	Middle-of-the-Road-Response	Negative Response
(Really) Fine. Never been better. Great. Terrific. Very well. Super. Wonderful.	Not so bad. So-so. OK.	Awful. Terrible. Don't ask. Horrible. Not so good. Not so great.

"How are you?"란 질문에 대한 응답은 본인의 상태에 따라 여러 가지 표현을 사용할 수 있다. 아래 표에서 보는 바와 같이 되도록이면 긍정적인 응답을 하는 것이 좋다.

马虎[mǎhu] : 소홀히 하다, 건성건성하다, 무책임하다

马马虎虎[mamahūhū] : 부주의하다, 아무렇게 하다, 대충하다, 그럭저럭, 그저 그렇다

그저 안일하게 소일하고 있어요.

· I'm just taking one day at a time.

· 过得马马虎虎。/ 过得还可以。

오늘 기분이 어때?(건강을 묻는 일반적 표현)

· How are you (feeling) today?, How are you getting along?

· 今天过得好吗？ / 今天身体怎么样?

몸이 불편합니다. (그저 그래요)

· I feel under the weather.(So so.)

· 我有点不舒服。(还可以)

기분 안 좋은 일이 있니?

· Why such a long face? 1)

· 心情不好吗？

어떻게 지내니(십니까)?

· How is it going?, How are things going?,
How are you doing?, How's are things?

· 过得怎么样？

당신은 어떻습니까?

· How's it going with you?, How's school going?

· 您好吗？/ 您怎么样?

요즈음 어떻게 지냅니까?

· How are you doing these days?

· 您最近过得怎么样？

음, 그저 그러내요.

· Well, about the same.

· 过得还可以。/ 过得马马虎虎。/ 过得还行。

1) 사람의 얼굴 표정에서 그 사람의 심리 상태를 알아내는 일은 그다지 어려운게 아니다.

"Why such a long face?"는 무슨 일로 그리 시무룩하니, 또는 그렇게 기분 안 좋은 일이 있니? 라고 묻는 말이다. 시무룩해 있을 때 입 가장자리를 축 늘어뜨린 표정 때문에 얼굴이 다소 길어 보인다고 해서 long face라고 한 것 같다. "시무룩한 얼굴"은 sullen (sulky) face (look)이고 "Jack ma- intained a sulky face."라고 하면 "잭은 뾰로통하게 말이 없었다."라는 의미가 된다.

舒服[shūfu] : (몸이나 마음이) 편안하다, 상쾌하고 쾌적하다

항상 바쁘지요.

· Busy as usual.

· 我一直忙着呢!

더할 나위 없이 좋습니다.

· Couldn't be better(Super).

· 我挺好的。/ 我很好。

항상(모든 것이) 똑 같지요.(여전해)

· The same as usual. Everything's the same as ever.
Everything's just the same.
The same as ever. Can't complain.

· 我还是老样子。/ 没什么变化。

새로 태어난 기분입니다.

· I feel like a new man.

· 我有种重新复活的感觉。

만사가 잘 되어갑니까?

· How's everything with you?

· 你的事都很顺利吗?

만사가 잘 되어 가기를 바랍니다.

· I hope everything will turn out all right.

· 祝你工作顺利。/ 祝您过得好日子。/
祝你万事如意。

요즈음 재미가?

· How's the world treating you?

· 最近您过得怎么样? / 最近您有好事吗?

老样子[lǎoyàngzi] : 재래식, 종래의 방식, 구식, 낡은식, 옛모습, 변하지 않은 그대로의 모습

重新[chóngxīn] : (처음부터) 다시, 새로이, 재차

复活[fùhuó] : 부활(하다), 소생(하다), 태어나다

感觉[gǎnjué] : 느끼다, 여기다 / 감각, 느낌

这段时间
[zhèduànshíjiān] : 일정기간, 한동안

到现在为止
[dàoxiànzàiwéizhǐ] : 현재까지, 지금까지

要命[yàomìng] : 목숨을 빼앗다, 죽이다, 생명을 잃게 하다, 심하다, 죽을 지경이다

어떻게 지냈어요?

· How have you been(doing, feeling)?, What have you been up to?, What have you been doing?

· 你这段时间过得好吗？

지금까지는 그럭저럭 지냈어요.

· So far so good.

· 我到现在为止过得马马虎虎。

바빴지요, 아주 바빴어요.

· Keeping busy, very busy. I've been very busy.

· 我忙得要命。/ 我非常忙。

항상 바빴지요.

· Busy as usual..

· 我平常忙着呢。

상당히 바쁘다.

· I am very busy as a beaver.(As busy as a beaver/as busy as a bee/as busy as Grand Central Station)

· 我非常忙。/ 我很忙。/ 我太忙。

그럭저럭 지내요.

· I can't complain too much.

· 我过得马马虎虎。

그 동안 어디에 다녀오셨습니까?

· Where have you been?

· 这几天你去了哪儿了？

일은 순조롭게 진행되어 가나요?

· Are you making any progress?

· 您工作顺利吗？

하시는 일은 어떠신가요?

· How is your business going?

· 您工作怎么样？

연구는 잘 되어 갑니까?

· How's your research coming along(going)?

· 您研究得很顺利吗？

다시 만나서 반갑습니다.

· It's good to see you again.
It's really nice to see you again.

· 很高兴又见到您。

요즘 당신 보기 힘들군요. (요즘 별로 안보이시던데요)

· I haven't seen much of you lately.
I haven't seen you around lately.
Where have you been hiding yourself?

· 最近您闭门不出。（最近见不着您了）

전에 한 번 뵌 적이 있는 것 같네요.

· I think I've seen you before.
Haven't we met somewhere before?

· 以前我们好象见过面。

顺利[shùnlì] : 순조롭다, 잘 되어간다

研究[yánjiū] : 연구하다, 탐구하다

闭门不出[bìménbùchū] : 문을 잠그고 밖으로 나가지 않는다

好像(象)[hǎoxiàng] : 마치 ~와 같다

面熟[miànshú] : 얼굴이 익숙하다, 안면이 있다

没想到[méixiǎngdào] : 생각지도 못했다

干[gàn] : (일 등을) 하다

偶然[ǒurán] :우연히

얼굴이 굉장히 낯이 익은데요.

· Your face is so familiar., You look familiar to me.

· 我看起来面熟。

여기서 만날 줄은 몰랐어요.

· Fancy meeting you here!

I didn't expect to meet you here!

· 我没想到在这里见面。

여기는 웬일이지?

· What brings you here?

· 来这里干什么？

여기 어떻게 알고 오셨습니까?

· What brought you here?

· 你怎么会来这里？

이거 뜻밖인데.

· What a surprise!, What a (nice/pleasant) surprise!

This is a pleasant surprise!

· 真没想到。

중국에서 뵙게 되다니 정말 우연의 일치로군요!

· What a coincidence meeting you in China!

· 和您在中国见面真偶然。

사람들이 하는 말이 있죠. 세상 참 좁더라고요.

· You know what they say, it's a small world!

· 人家说"世界真小"。

잘 왔다. 기다리고 있었는데.

· You're a sight sore eyes.

· 来得正好，我正在等你。

여기서 당신을 보리라곤 기대하지 않았습니다.

· I didn't expect to see you here.

· 我没想到跟你在这里见面。

요즘(우연히) 자주 만나게 되네요.

· We seem to run into each other often lately.

· 我们最近偶然见面。

또 만나게 되었군요.

· Our paths have finally crossed.

· 又见面了。

그냥 인사하려고 들렀어요.

· I just stopped by to say hello.

· 我就是来看看你。

최근까지 어떻게 지내셨습니까?

· What have you been up to lately?

· 最近过得怎么样？

복중에 어떻게 지내십니까?

· How have you been getting through the dog days?

· 您过得好吗？

어딜 그렇게 다니고 있었니?

· Where have you been fooling around?

· 你去哪儿了？

正好[zhènghǎo] : (시간, 위치, 수량 정도가) 꼭 알맞다, 딱 좋다

正在[zhèngzài] : ~하고 있는 중이다(동작의 진행이나 지속을 나타냄)

最近[zuìjìn] : 최근, 요즈음

又[yòu] : 또, 다시, 동작(상태)의 중복, 반복을 나타냄

※ '再'는 지금부터 반복할 예정의 동작을 '又'는 이미 반복한 동작을 나타냄

例) 今天又下雨了。
欢迎明年再来。

做梦[zuòmèng] : 꿈을 꾸다, 환상하다, 공상하다

久违[jiǔwéi] : 오래간만입니다

碰[pèng] : (우연히) 만나다, 부딪치다

너를 여기서 만나게 될 줄은 상상도 못했어.

· Yours is the last face I would have expected to see here.

· 我做梦也没想到跟你在这里见面。

어머! 이런데서 너를 만나다니!

· Fancy meeting you are here!

· 啊哟!真没想到跟你在这里见面。

안녕, 오래간만이야.

· Hello, I haven't seen you for a (long time) while.

· 你好!好久不见!

몇 년 만에 만나 뵙는군요.

· I haven't seen you in years.

· 好几年没见你了。

오랫동안 못 뵈었습니다.

· I haven't seen you for ages.

· 很长时间没见。

오래간만이야.

· Long time no see., It's been a long time.
It's a long time since I saw you last.

· 好久不见! / 久违了!

우연히 만나게 되어 반갑군.

· I'm glad bumped into you.

· 碰到你很高兴。

어머, 오랜만이야.

· What a pleasant surprise! I haven't seen you for a while.

· 啊哟! 好久不见了。

이거 얼마만입니까?

· How long has it been (since we last met)?

· 我们到底几年没见了?

아이구, 얼굴 잊어버리겠습니다.

· Well, hello, stranger!

· 啊呀! 差一点忘了你了。

요즘 별로 뵙지 못하겠더군요.

· You haven't been around much lately, have you?

· 这几天一直没见你。

몇 달 만에 뵙는군요.

· I haven't seen you for months.

· 几个月没跟你见面了。

많이 변했군요.

· You've changed a lot.

· 长相变化很大。

전혀 변하지 않았군요.(여전하시군요)

· You haven't changed a bit.

· 长得还是老样子。

너 몰라보겠구나.

· You've been quite a stranger.

· 我几乎认不出你来了。

到底[dàodǐ] : 도대체(의문문에 쓰여 어세를 강조)

差一点儿[chàyīdiǎnr] : 하마터면, 자칫하면

忘[wàng] : 잊다, 망각하다

一直[yī zhí] : 계속해서, 줄곧

长相[zhǎngxiàng] : 용모

老样子[lǎoyàngzi] : 옛모습

几乎[jīhū] : 거의, 하마터면

希望[xīwàng] : 희망하다, 바라다

应该[yīnggāi] : 마땅히 ~해야 한다, 응당 ~할 것이다

消息[xiāoxi] : 소식, 정보

习惯[xíguàn] : 습관, 버릇, 익숙해지다

그렇지 않아도 너를 만나고 싶었는데.

· You're just the man I wanted to see.

· 我希望跟你见面。

빌은 어떻게 되었어요?

· What happened to Bill?

· 比莉，他怎么样？

모르겠어요. 하지만 괜찮을 겁니다.

· No news. But I bet he's O.K.

· 不知道，不过我想他应该没事吧!

10년 전부터 그와 소식이 끊겼어요.

· I haven't heard from for 10 years.

· 十年没有他的消息了。

얼마나 자주 그의 소식을 듣습니까?

· How often do you hear from him?

· 听到几次他的消息了?

(잘 적응하고 있는지..) 그는 어떻게 지내고 있지요?

· How is he getting along?

· 他过得习惯了吗？

아버님께서는 안녕하세요?

· How's your father?

· 你父亲身体好吗？

어떻게 지내세요?

· What are you up to?

· 过得怎么样？

당신 가족들은 다 안녕하신가요?

· How's everybody at your house?

I hope your family are all well., How's your family?

How are your folks?, How's it going the home front?

· 你家人都好吗? / 父母兄弟姐妹都好吗?

씨애틀에 갔던 일은 어땠어요?

· How was your trip to Seattle?

· 去斜阿特出差的事怎么样？

비행기 여행은 어땠어요?

· How was the flight?

· 坐飞机旅游感觉怎么样？

그 분이 안부 전하라더군요.

· He sends his affection.

· 他让我代他问你好。

아버님께서 안부 전해 달라고 하셨어요.

· My father sends his love.

My father sends his regards.

· 我父亲让我代他问你好。

실은 어제 그 사람을 기차에서 만났습니다.

· It so happens that I met him on the train just yesterday.

· 其实昨天跟他见面在火车上。

당신을 여기서 만나다니 정말 뜻밖이군요!

· I can't believe I bumped into you here!

· 我真没想到跟你在这里见面。

出差[chūchāi] : 출장가다

旅游[lǚyóu] : 여행하다, 관광하다

代[dài] : 대신하다

其实[qíshí] : 사실은, 실제는

Part 2. 소개와 대화

사교란 사람들이 서로 아는 것으로부터
시작되고 모든 인간관계(Human relations)는
인사와 소개로 시작된다.

· 你要做的就做吧. 一切都是为了别人的幸福, 也同时特别为了我的幸福。
해야 할 것을 하라. 모든 것은 타인의 행복을 위해서, 동시에 특히 나의 행복을 위해서이다.

여러 상황 표현

初次[chūci] : 첫 번, 처음

认识[rènshi] : 알다, 인식하다

처음 뵙겠습니다.

· How do you do?

· 你好! 初次见面!

만나서 반갑습니다.

· I'm glad to meet you. / I'm glad to see you.
Glad to meet you. / It's nice to meet you.
It's nice to see you. / I'm glad to know you.
I'm pleased to meet you. / I'm delighted to meet you.
It's a pleasure to meet you.

· 我见到你很高兴!

알게 되어 반갑습니다.

· Glad to know you.

· 认识你非常高兴!

오히려 제가 기쁩니다.

· The pleasure is (all) mine.

· 反而我很高兴。

저도 반갑습니다.

· Like wise / It's a real pleasure.

· 我倒很高兴。/ 我也很高兴。

만나 뵙게 되어 매우 기쁩니다.

· I am very glad to see you.

· 我见到你很高兴!

만나 뵙게 되어 영광입니다.

· It's a pleasure for me to see you.

· 我见到您非常荣幸。

알고 지내게 되어 매우 기쁩니다.

· I am very glad to make your acquaintance.

· 我认识你非常高兴!

오래 전부터 만나 뵙고 싶었습니다.

· I've been waiting to see you for a long time.

· 我很久以前很想见到您。

만나 뵙는 기회를 가져서 매우 기쁩니다.

· I'm very glad to have the opportunity of meeting you.

· 由于我有见到您的机会很高兴。

反而[fǎnér] : 오히려, 역으로

倒[dào] : 오히려, 도리어

荣幸[róngxìng] : (매우) 영광스럽다

由于[yóuyú] : ~로 인하여, ~때문에

机会[jīhuì] : 기회

今后[jīnhòu] : 앞으로

亲密[qīnmì] : 친밀하다, 사이가 좋다

相信[xiāngxìn] : 믿다, 신임하다

成为[chéngwéi] : ~이 되다

自我[zìwǒ] : 자기 자신

介绍[jièshào] : 소개하다

당신과 인사할 기회가 생겨서 무척 기쁩니다.

· It's a great pleasure for me to have this opportunity to get acquainted with you?

· 有机会见到您我很高兴。

앞으로 친하게 지내고 싶습니다.

· I am sure we'll be friends.

· 今后我希望跟你亲密。

우리는 좋은 친구가 되었으면 합니다.

· I hope we'll become good friends.

· 我相信我们成为好朋友的。
我希望跟你做好朋友。

저를 소개하겠습니다.

· Let me introduce myself.(to you.)
May I introduce myself?
Do you mind if I introduce myself?
Allow me to introduce myself.

· 我来自我介绍一下。

성함이 어떻게 되시죠?

· May I have your name?

· 您贵姓？/您叫什么名字？

저는 ○○에 근무하고 있습니다.

· I work for ○○. (I'm working at ○○.)

· 我在○○工作。

가족이 몇 명이 되세요?

· How large is your family?

How many are there in your family?

· 你家有几口人？/ 你家都有什么人？

대가족이시군요.

· You have a large family.

· 大家族阿!

저는 외아들입니다.

· I'm an only child.

· 我是独生子。

저는 아직 20대입니다.

· I'm still in my twenties.

· 我二十多岁了。

저는 30대 초반입니다.

· I'm in my early thirties.

· 我三十出头了。

저는 30대 중반입니다.

· I'm in my mid thirties.

· 我三十多岁了。

저는 30대 후반입니다.

· I'm in my late thirties.

· 我快四十岁了。

1) <해설-결혼 관련 질문>
① 언제 결혼하셨습니까?
- When did you get married?
② 결혼하신지 얼마나 되셨습니까?
- How long have you been married?
③ 언제 결혼하실 계획이십니까?
- When are you planning to get married?
④ 그 여자는 누구와 결혼했나요?
- Who did she marry?
⑤ 그녀는 의사와 결혼했습니다. -She married a doctor.
⑥ 신혼 여행은 어디로 갈 예정인지요?
- Where are you going on your honey moon?
⑦ 신접살림은 어디서 하나요?-Where will you be living?
⑧ 그녀는 돈보고 결혼했다.
-She married him for money.
⑨ 부인을 어떻게 해서 알게 되었나요?-How did you get to know your wife?
* bride(신부)
* Bridegroom(신랑)
* Wedding ceremony (결혼식)

家族[jiāzú] : 가족, 동족

独生子[dúshēngzǐ] : 외아들, 독자

出头[chūtóu] : 남짓, (수량) ~이상

结婚[jiéhūn] : 결혼하다

老家[lǎojiā] : 고향

결혼하셨습니까?

· Do you have your own family?

Are you married? 1)

· 您结婚了吗？

어디서 오셨습니까?(고향이 어디십니까?)

· Where are you from?

· 你的老家在哪儿？ / 你是从哪儿来的？

국적이 어디시죠?

· What's your nationality?

· 你是哪个国家？

제 친구 ○○를 소개하겠습니다.

· Let me introduce my friend ○○.

May I introduce my friend ○○?

I'd like to introduce a friend of mine, ○○.

· 我来介绍一下我的朋友○○○。

제 친구를 소개하겠습니다.

· Let me introduce my friend to you.

· 我来介绍一下我的朋友。

○○를 소개합니다.

· I'd like you to meet ○○.

· 我介绍一下我的朋友，叫○○○。

· 我给你介绍一下我的朋友。

· 我给大家介绍一下我的朋友。

다른 연사를 소개하겠습니다.

· I'd like to present to you the next speaker.

· 我介绍一下另一个演讲先生。

~하고 인사하셨나요?

· Have you met ~?

· 跟~打招呼了吗？

서로 인사하시지요.

· Why don't you introduce yourselves?

· 互相认识一下!

두 분이 서로 인사하시지 그래요?

· Why don't you meet each other?

· 两位互相认识一下!

두 분이 아시는 사이신가요?

· Are you two acquainted?

· 你们两位互相认识吗？

두 분 인사 나누셨어요?

· Are you already met each other?

· 两位互相打招呼了吗？

우린 한 시간 가량이나 이야기를 하고서도…

· We have been talking for

· 我们已经谈了一个多小时了…

另[lìng] : 다른

演讲[yǎnjiǎng] : 강연하다, 연설하다

打招呼[dǎzhāohu] : 인사하다

互相[hùxiāng] :서로

交谈[jiāotán] : 이야기하다

对方[duìfāng] : 상대방, 상대편

好像[hǎoxiàng] : 마치 ~과 같다

看起来[kànqǐlái] : 보아하니, 보기에

提[tí] : (말을) 꺼내다, 언급하다

아직 서로 이름도 모르고 있군요. 그렇죠?

· about an hour, but we haven't met yet, have we?

· 我们俩已经交谈一个小时，可还不知道对方的名字，是不是？

전에 한번 뵌 적이 있는 것 같은데요.

· I think I've seen you before.

Haven't we met somewhere before?

Do I know you from somewhere?

· 好像我们俩以前见过面。

예전에 당신을 어디선가 뵌 것 같습니다.

· I must have seen you somewhere before.

· 好像跟你见过面，但忘了在哪儿？

누구시더라. 저를 아시겠어요?

· Do I know you?

· 您是哪位？我们认识吗？

친숙해 뵈는데요.

· You look very familiar.(to me.)

· 看起来很面熟。

우린 여러 번 당신 이야길 했었지요.

· We have talked of you often.

· 我们提过你好几次了。

저 사람이 바로 당신이 말하던 그 사람입니까?

· Is that the man you told me about?

· 你说的就是他吗？

저는 한번 본 사람은 꼭 기억을 합니다.

· I never forget a face.

· 见过一次，我就不会忘记。

분명히 저를 다른 사람과 혼동하셨습니다.

· You must have me mixed up with someone else.

· 你一定认错人了吧!

성함을 확실히 알아듣지 못했습니다.

· I didn't quite catch your name.

· 我没听清楚。/我听不清楚。

성함이 무어라 하셨지요?

· What's your name again?

· 您叫什么名字？/ 您贵姓?

죄송합니다. 이름이 뭐라고 하셨는지 잘 못 들었습니다.

· I'm sorry. I didn't get your name.

· 对不起，我没听清楚您的名字？

어떻게 부를까요?

· How do I address you?

What should I call you?

· 我怎么称呼你？

就[jiù] : 바로

一定[yīdìng] : 반드시, 꼭

认错[rèncuò] : 잘못 보다

清楚[qīngchu] : 분명하다, 명확하다

称呼[chēnghu] : 부르다, 일컫다

经常[jīngcháng]: 자주, 종종

听说[tīngshuō] : 듣자하니, 듣는 바로는

可能[kěnéng] : 아마도, 아마

○○라고 불러 주세요. 그게 제 이름이에요.

· Please call me ○○. That's my first name.

· 我叫○○○。这是我的名字。

○○가 당신에 대해 자주 말씀하셨습니다.

· ○○ often speaks of you.

· 我经常听○○说起你。

A씨로부터 말씀 많이 들었습니다.

· I have heard a lot about you from Mr. A.

Mr. A. has spoken of you very often.

· 我听说过你好几次。

말씀 많이 들었습니다.

· Your name have been introduced a lot.

I've heard a lot about you.

· 听说过好几次。

좋은 분이라 하더군요.

· He say nice things about you.

· 听说过你是好人。

좋은 말이었겠죠?

· Good things, I hope.

· 可能是好话吧？

오래 전부터 한 번 찾아뵙고 싶었습니다.

· I've been wanting to see you for a long time.

· 我很久以前就很想见到您。

나는 그를 얼굴만 알고 있습니다.

· I know him by sight.

· 我只知道他长得怎样。

제 명함(제 것)을 드려야 하는데 다 써버렸습니다.

· I'd give you mine, but I'm all out.

· 我应该给你名片，但用光了。

명함을 다 썼군요?

· You ran out of business cards?

· 你已经用光你的名片了吧？

지내보니까 부산이 어떻습니까?

· How do you like Busan so far?

· 住在釜山怎么样？

서울에 대해 어떻게 생각하십니까?

· What do you think of Seoul?

· 你感觉首尔怎么样？

서울에 대한 인상이 어떻습니까?

· What's your impression of Seoul?

· 你对首尔的印象怎么样？

한국의 첫 인상이 어떻습니까?

· What is your first impression of Korea?

· 你对韩国的第一印象怎么样？

只[zhǐ] : 단지, 다만

名片[míngpiàn] : 명함

用光[yòngguāng]: 모두 써 버리다

印象[yìnxiàng] : 인상

Part 3. 외국어 공부

· 两耳不闻窗外事，一心只读圣贤书。
두 귀는 창밖의 일을 듣지 아니하고, 전심으로 성현의 책만 읽다(다른 데 신경을 쓰지 않고 오로지 학습에만 전념하다).

여러 상황 표현

些[xiē] : 조금, 약간

生词[shēngcí] : 새 단어

发音[fāyīn] : 발음

读[dú] : 읽다

写[xiě] : 쓰다

그것들을 무어라 부릅니까?

· What do you call them?

· 它们叫什么？/ 那些叫什么？

이것을 영어로 뭐라고 부릅니까?

· What do you call this in English?

· 这些用英语怎么说呢？

이 단어를 어떻게 발음하는 겁니까?

· How do you pronounce this word?

· 这个生词怎么发音呢？
这个生词怎么读(念)呢？

그것의 스펠링이 어떻게 됩니까?

· How do you spell it?

· 那个生词怎么写呢？

그럴 경우 영어로 어떻게 합니까?

· How do you say that in English?

· 如果那样的话，用英语怎么说呢？

"Thank you"를 불어로 어떻게 합니까?

· How do you say "Thank you" in French?

· "谢谢"，用法语怎么说呢？

"Mercl"라고 합니다.

· We say "Mercl".

· 说 "Mercl"

그게 무슨 말입니까? (무슨 뜻입니까?)

· What do you mean by that?

· 那是什么意思？

영어로 뭐라고 표현할지는 모르지만 너무 바짝 굽지 마십시오.

· I'm not sure of the English expression, but don't overcook it.

· 我不知道用英语怎么说，不过不要烤得太老。

AFKN의 뜻은 무엇입니까?

· What's the meaning of AFKN?

What does AFKN mean?

· "AFKN"是什么意思？

AFKN은 무엇의 약자입니까?

· What does AFKN stand for?

What's AFKN short for?

· "AFKN"的原词语是什么？

如果[rúguǒ] : 만일, 만약

意思[yìsi] : 뜻, 의미

不过[bùguò] : 그러나, 그런데, 하지만

烤[kǎo] : 굽다

烤得太老[kǎodétàilǎo] : 오랫동안, 굽다, 푹 익히다

词语[cíyǔ] : 단어와 어구

区别[qūbié] : 구별하다

表达[biǎodá] : (생각·감정을) 표현하다

想法[xiǎngfǎ] : 생각, 의견

水平[shuǐpíng] : 수준

提高[tígāo] : 향상되다, 높이다

刚才[gāngcái] : 방금, 지금 막

'Live"와 "Leave"는 어떻게 다릅니까?

· How does "live" differ from "leave"?

· "Live"和"Leave"怎么区别？

"lady"와 "woman"의 차이점은 무엇입니까?

· What's the difference between 'a lady' and 'a woman'?

· "lady"和"woman" 的怎么区别？

영어로 제 의사를 충분히 표현할 수가 없습니다.

· I can't express myself very well in English.

· 我不能用英语表达清楚我的想法？

제 영어 실력이 어떻습니까?

· How well do I speak English?

· 我的英语水平怎么样？

당신의 영어 실력은 놀랄 만큼 발전했어요.

· Your English has advanced to an applauding extent.

· 你的英语水平提高得快。

다시 한 번 말씀해 주시겠어요?

· I beg your pardon?

· 请再说一遍, 好吗?

뭐라고 하셨지요?

· Pardon? Excuse me? Come again? I'm sorry?

· 刚才您说什么呢?

제 말 무슨 말인지 아시겠어요?

· Do you know what I mean?

· 你知道我的意思吗?

무슨 말씀인지 모르겠습니다.

· I don't know what you mean.

· 我不知道你说什么。

A와 B 중에 어떤 말을 더 많이 사용합니까?

· Which is more common to say, A or B?

· A和B之中，哪个比较用得多呢？

on time(정각에)이라는 말은 언제 쓰는 말입니까?

· When do you use the phrase 'on time'?

· "on time"是什么时候用的？

못 들었어요.

· I didn't hear you.

· 没听清楚。

다시 한 번 말씀해 주시겠어요?

· Would you say that again?

· 请再说一遍，好吗？

좀 천천히 말씀해 주실래요?

· Would you speak more slowly?

· 请说得慢一点。

比较[bǐjiào] : 비교적, 비교하다

慢[màn] : 느리다
↔快[kuài] : 빠르다

可以[kěyǐ] : ~할 수 있다(가능·능력을 표시함)

兴趣[xìngqù] : 흥미·취미

말이 너무 빨라 못 알아듣겠어요.

· I can't follow you.

· 说得太快，听不清楚。

크게 말씀 주시겠어요?

· Would you speak up, please?

· 请大声点。

잘 안 들려요.

· I can't hear you very well.

· 听不清楚。

질문 하나 해도 될까요?

· May I ask you a question?

· 可以提个问题吗？

좀 써 주시겠습니까?

· Could you write it down for me, please?

· 请给我写一下。

몇 개 국어를 하십니까?

· How many languages do you speak?

· 你会说几种外语呢？

영어를 배우는데 흥미(취미) 있으세요?

· Are you interested in learning English?

· 你对英语有没有兴趣？

영어에 있어서 제 발음이 어떠세요?

· How is my pronunciation in English?

· 我的英语发音怎么样？

영어를 배우는데 애로점이 무엇입니까?

· What is the hardest about learning English?

· 学英语最困难的是什么？

영어는 어디서 배웠습니까?

· Where did you learn English?

· 你在哪儿学的英语呢？

외국어 학원에서요.

· At a foreign language institute.

· 我在补习班学的英语。

자세히 설명해 주시겠습니까?

· Would you explain in detail?

· 请详细地说明一下。

그것에 관해 무어라고 말할 수 없네요.

· I'd rather not say anything about it.

· 我无可奉告。

困难[kùnnan] : 곤란, 어려움

补习班[bǔxíbān] : 학원

详细[xiángxì] : 상세하다, 자세하다

说明[shuōmíng] : 설명하다

无可奉告[wúkěfènggào] : 알릴 만한 것이 없다, 알릴 것이 없다

Part 4. 작별 인사 표현법

· Meeting is the beginning of parting
만나는 것은 헤어짐의 시작이란 말은 언제나 기억해야 될 좋은 경구이다.

여러 상황 표현

慢走[mànzǒu] : 안녕히 가세요, 살펴가세요

改天[gǎitiān] : 다른 날, 후일

안녕.

· Bye.
· 再见!

안녕히 가세요.

· Good bye.
· 再见! 慢走!

다음에 뵙겠습니다

· See you later.
· 改天见

다음에 또 봅시다.

· We'll see you later!
· 下次再见!

또 봅시다.

· I'll be seeing you.

· 再见! / 后会有期!

그래요. 그럼 그 때 뵙겠습니다.

· O. K. I'll see you then.

· 好的，到那时候再见!

재미있는 시간 보내세요.

· Have a good time.

· 过得愉快!

즐거운 하루 보내세요.

· Have a good day. / Have a nice day.

· 过好一天!

즐거운 여행되시길 바랍니다.

· Have a good trip! / Have a nice trip!

Have a good flight! / Please enjoy your trip!

· 祝你旅游愉快!

안녕히

· Take care.(=So long). / Take it easy.

· 请慢走!

조심해서 가세요.

· Take care of yourself.

· 路上小心。

后会有期[hòuhuìyǒuqī] : 후에 또 만납시다.

愉快[yúkuài] : 유쾌하다, 기쁘다

小心[xiǎoxīn] : 조심하다

开心[kāixīn] : 유쾌하다, 즐겁다

玩儿[wánr] : 놀다, 여가를 즐기다

재미있게 보내라구!

· Enjoy yourself!

· 祝你过得开心!

즐겁게 보내세요!

· Have fun!

· 祝你过得高兴!

안녕! 다음에 봅시다.

· So long! See you later.

· 再见，改天吧!

안녕! 또 만나요.

· See you again. Good bye. / Catch you later.
I'll talk to you later.

· 再见! 改天见吧!

안녕! 또 만날 때까지.

· So long! I'll be seeing you.

· 后会有期!

또 놀러 오세요!

· Come and visit us again.

· 再来玩儿吧!

다시 뵙기를 바래요.

· I hope I can see you again.

· 希望再见到你!

곧 다시 뵙기를 빕니다.

· I hope we will meet again soon.

· 希望很快就再见到你!

좀 더 자주 만납시다.

· 常常见面吧!

일찍 돌아오세요.

· Please be back soon.

· 早日归来!

잘 자요!

· Sleep well.

· 晚安!

좋은 꿈 많이 꾸세요.

· Sweet dreams.

· 祝你做个好梦!

이제 작별하고 집에 돌아갈 시간입니다.

· It's time to say goodbye and go home.

· 告辞了，该回家了。

여러분 모두가 보고 싶을 겁니다.

· I shall miss of you.

· 我们都很想大家了。

그냥 작별인사나 하러 들렀습니다.

· I just dropped in to say goodbye.

· 我只是来告别的。

常常[chángcháng] : 종종, 수시로

早日[zǎorì] : 조속한 시일, 조기

归来[guīlái] : 돌아오다

告辞[gàocí] : 작별을 고하다, 헤어지다

告别[gàobié] : 헤어지다, 작별인사를 하다

道别[dàobié] : 작별 인사를 하다

精彩[jīngcǎi] : 뛰어나다, 훌륭하다

失陪[shīpéi] : 먼저 실례하겠습니다(손님을 두고 먼저 떠날 때 하는 말)

작별 인사하러 왔어요.

· I've come to say goodbye.

· 我只是说一声"再见"

작별인사하려고 전화했어요.

· I'm calling to say good bye.

· 我打电话向你告别的。

여러분께 작별 인사드리고 싶습니다.

· I'd like to say good bye to everyone.

· 我想跟大家道别。

언제 가시는데요?

· What time are you leaving?

· 您什么时候出发呢？

멋진 파티였어요.

· It was a lovely party.

· 今天晚会非常精彩。

감사합니다만, 이제 가야할 것 같아요.

· Thank you very much, but I guess I'd better go.

· 谢谢，我该走了。

실례해요. 자리를 뜨고 싶군요.

· Please excuse me, I'd like to leave.

· 对不起，我先失陪了。

조만간에 또 놀러 오세요.

· Please come again and see us sometime.

· 过几天再来玩儿吧!

조만간 또 만납시다.

· I hope I shall see you again soon.

· 过几天再见吧!

나중에 한 번 또 만나.

· Let's get together sometimes again.

· 以后找时间再聚(会)。

부디 다시 들려주시기 바랍니다.

· I hope you will come and see us again.

· 请你再次光临。

와 주셔서 참 즐거웠습니다.

· We really enjoyed your company.

· 来光临，很愉快。

그럼, 다음기회에 모일 수 있겠죠.

· Well, then, perhaps we can get together another time.

· 那么，下次能聚在一起吧!

조만간에 다시 한자리 만듭시다.

· Let's get together soon.

· 过几天，我们找个时间聚一聚。

가까운 시일 내에 한 번 모입시다.

· Let's get together one of these days.

· 这一两天我们聚一聚把!

제 대신 안부전해 주세요.

· Please say hello for me.

· 请代我问候。

聚(会)[jùhui] : 모임, 모이다

光临[guānglín] : 왕림하다, 들리다

1) 안부 전하라는 뜻의 Regards는 항상 복수형이어야 한다.

保重[bǎozhòng] : 건강에 주의하라, 몸조심하다

告诉[gàosu] : 알리다

안부 전해줘.

· Tell him I said hello.

· 请代我问好。

당신 누이에게 안부 좀 전해 주세요.

· Please give my best regards[1] to your sister.

· 请代我向你姐姐问好。

어머님께 안부 전해줘!

· Please give her my regards.

· 请代我向你母亲问好。

몸조심하고 부모님께 안부 전해 주세요.

· Take care and give my best to your parents.

· 保重身体，并请代我向你父母问好。

다른 가족들에게도 대신 작별인사 전해주세요.

· Please don't forget to say good bye to the rest of the family for me.

· 请代我向别的家族其他人道别。

그녀를 생각하고 있다고 전해 주세요.

· Tell her I'm thinking of her.

· 请告诉她我很想她。

아무쪼록 가족들에게 안부 부탁합니다.

· Kindly remember me to your family.

· 请代我向你家人问好。

그에게 안부 전해 주세요.

· Give my love to him.

· 请代我向他问好。

좀 더 계시다 가시면 안 되나요?

· Can't you stay a little longer?

· 你多呆会儿再走，好吗？

지금 가신다는 말입니까?

· Do you mean you're going now?

· 现在你要就走吗？

그렇게 서둘러 떠나지 마세요.

· Please don't be in such a hurry.

· 不要这么快走。

계시다가 저녁 드시고 가시지 그러세요.

· Would you like to stay for dinner?

· 等一会儿吃了晚饭再走啊!

저녁 드시고 가시지 않으시겠어요?

· Won't you stay for dinner?

· 想不想吃晚饭后走？

오늘밤 재미있었어요?

· Did you have fun tonight?

· 今晚玩得很有意思吗？

오늘 즐거우셨어요?

· Did you have a good time today?

· 今天过得愉快吗？

즐거운 시간 보냈습니다. 이제 가야겠군요.

· I have had a wonderful time. I must go now.

· 过得很愉快，我该走了。

呆[dāi] : 머무르다

有意思[yǒuyìsi] : 재미있다

该[gāi] : ~해야 한다

送[sòng] : 배웅하다, 바래다 주다

이제 실례하겠습니다. 매우 유쾌하였습니다. 대단히 감사합니다.

· I think I must be going now. have had a wonderful time this evening.

Thank you very much.

· 我失陪了。过得很愉快。非常感谢。

다시 만날 수 있을까요?

· Can we meet again?

· 我们能再见面吗？

또 오세요.

· Come again.

· 欢迎再来! / 欢迎再次光临!

제가 바래다 드릴까요?

· Can I give you a lift?

· 我可以送你回家吗？

가봐야 하는 것 아닌가?

· Don't you think you'd better go?

· 你该走了吧？

아, 벌써 아홉시입니까? 가봐야겠네요.

· Oh, is it 9 already? I must go.

· 都九点了吗？我该走了！

그럼, 저 가볼께요.

· Well, I'd better be on my way.

· 那我走吧!

가 봐야 할 것 같네요.

· I'm afraid I have to go. / I'm afraid I've got to go.
I'm afraid I must go now. / I really should be on my way.

· 我要回去了。/ 我该走了。

이제 일어서는 게 좋을 것 같네요.

· I'm afraid I'd better be leaving.

· 我要走了。/ 到点了，我要走了。

너무 늦은 것 같네요.(너무 오래 있었네요.)

· I'm afraid I stayed too long.

· 时间太晚了。

너무 오래 있어서 폐가되지 않았나 모르겠습니다.

· I'm afraid I've overstayed my welcome.
I don't want to overstay my welcome.

· 太晚了，耽误你的时间了。

이제 가 봐야겠습니다.

· I (really)must be going now. / I really have to go now.
I must go now. / I've got to be on my way.
Now I gotta be off. / I'd better go.
I've got to run. / I must be along now.
I must be on my way. / I'll leave now.

· 到回去的时候了，我该走了。

나는 급히 가야 돼요.

· I'm in a hurry.

· 我得赶快走了。

晚[wǎn] : 늦다

耽误[dānwu] : 시간을 허비하다

赶快[gǎnkuài] : 빨리, 얼른

得[děi] : ~해야 한다

赶紧[gǎnjǐn] : 서둘러, 급히

必须[bìxū] : 반드시, 꼭

自得其乐[zìdéqílè] : 스스로 그 속에서 기쁨을 느끼다, 홀로 즐기다

제발 저 좀 보내 주세요.(저 이만 가보겠습니다.)

· Please let me go, won't you?

· 请让我该走了。

미안합니다. 이제 일어서야 할 것 같아요.

· I'm sorry, but I've got to be on my way.

· 对不起，我先失陪了。

감사합니다만, 이제 가봐야 할 것 같아요,

· Thank you very much, but I guess I'd better be on my way.

· 谢谢，我该走了。

이런 말씀드려서 죄송하지만, 전 이제 가 봐야겠어요.

· I'm sorry to say this, but I've got to go.

· 对不起，我该走了。

정말 서둘러 가 봐야겠습니다.

· I really have to rush.

· 我得赶紧走。

11시까지 집에 도착해야 합니다.

· I must be home by eleven.

· 我必须十一点到家呢。

저는 이만 일어나야겠어요.

· Well, I guess I'd better be going.

· 我先失陪了。

마음껏 즐겼습니다.

· I enjoyed myself very much.

· 我自得其乐。

당신을 알게 되어 기쁩니다.

· I glad to have met you.

· 认识你很高兴。

정말로 식사 잘 했습니다.

· I really enjoyed the meal.

· 我真的吃得很满意。

저녁 참 맛있었습니다.

· It was a delicious dinner.

· 今天的晚餐非常好吃。

오늘 저녁 정말 즐거웠습니다.

· I really had a pleasant evening.

· 今晚过得很愉快。

정말 즐거웠습니다.

· I really enjoyed it. / I really had a good time.

· 真愉快了。

오늘밤은 정말 재미있었습니다.

· I had lots of fun tonight.

· 今晚真的愉快了。

파티의 순간순간이 정말 재미있었어요.

· I enjoyed every minute of it(the party).

· 晚会的每一分钟都愉快极了。

멋진 파티 정말 고맙게 생각해요.

· Thank you very much for a wonderful party.

· 非常感谢，这么精彩的晚会。

满意[mǎnyì] : 만족하다

晚餐[wǎncān] : 저녁

作客[zuòkè] : 손님이 되다

兜风[dōufēng] : 바람을 쐬라(기분전환하다)

나중에 저희 집으로 초대하고 싶은데요.

· I want to invite you to my home sometime.

· 我希望有时间请你来我家作客。

언젠가 당신도 캘리포니아에 있는 우리 가족을 방문할 수 있기를 바래요.

· I hope someday maybe you'll be able to visit my family in California.

· 以后有时间的话，我希望你光临我在加利福尼亚的家。

기분 전환 좀 했어요.

· I enjoyed myself for a change.

· 我出去兜风了。

잘 있어요. 몸 건강하게.

· Good bye and keep well.

· 再见!保重!

얘기 즐거웠어요.

· I enjoyed talking with(to) you.

· 谈得很愉快!

만나서 반가웠습니다.

· Nice talking to you. / Nice seeing you.

It was good to see you.

· 见到你很高兴!

그럼 어서 가보시죠.

· Don't let me keep you.

· 你赶快走吧!

수고하세요.

· Hang in there. / Keep up the good work!

· 你辛苦了。

종종 연락할께요.

· I'll keep in touch.

· 我常给你联系吧!

종종 연락해요.

· Stay in touch.

· 我们会常和你联系的。

계속 연락하고 지내요.

· Let's keep in touch.

· 我们継续保持联系。

연락드리겠습니다.

· I'll be in touch.

· 我给你去电话吧。

계속 연락을 주세요.

· Keep me posted. / Keep me in touch.

· 保持通信! / 保持联系!

꼭 연락해.

· Be sure to get in touch.

· 一定跟我联系!

잊지 말고 꼭 전화하세요.

· Don't forget to give me a call.

· 不要忘记给我打电话。

辛苦[xīnkǔ] : 수고(고생)하다

联系[liánxì] : 연락하다

継续[jìxù] : 계속하다

保持[bǎochí] : 지키다, 유지하다

通信[tōngxìn] : 통신하다, 편지를 쓰다

爱人[àirén] : 남편 또는 아내

保重[bǎozhòng] : 몸 조심하다

简单[jiǎndān] : 간단하다, 단순하다

一 ~就[yī ~jiù] : ~하자마자 바로

잊지 말고 사모님 모시고 나오세요.

· Don't forget to bring your wife.

· 不要忘记带您的爱人来。

몸조심하시고 꼭 소식 주세요.

· Take care of yourself and don't forget to keep in touch.

· 保重身体，一定和我联系。

나중에 따라 갈께요.

· I'll catch up with you later.

· 呆一会儿就跟你去。

다시 만나기를 바랍니다.

· I'm looking forwarding to seeing you again.

· 后会有期。/ 希望再会。

편지하세요.

· Don't forget to write.

· 请给我写信。

몇 줄 적어 보내세요.(간단히 소식 전하세요.)

· Drop me a line.

· 简单给我写几句话吧。

뉴욕에 도착하자마자 소식 전하세요.

· Drop me a line as soon as you get to New York.

· 一到纽约就跟我联系一下。

보고 싶을 거예요.

· I'll miss you.

· 我会想你的!

여러분들을 그리워하게 될 겁니다.

· I'm going to miss you folks.

· 很想念大家。

차까지 바래다 드릴께요.

· I'll walk you to the car.

· 我送你上车。

당신이 굉장히 보고 싶어요.

· I miss you very much.

· 我好想你。

제가 보고 싶지 않으세요?

· Don't you miss me?

· 你不想跟我见面吗？

보고 싶어 죽겠어.

· I'm dying to see you.

· 我想死你了。

보고 싶어 견딜 수가 없어요.

· I can't wait to see you.

· 好想见你，真等不及了。

그 후 상황을 계속 연락해 주세요.

· Please keep me informed.

· 请和我保持联系。

여러 가지로 감사했습니다.

· Thanks again for everything.

· 再次对你所做的表示感谢。

想念[xiǎngniàn] : 그리워하다

死[sǐ] : …해 죽겠다, 죽도록 ~하다

等不及[děngbují] : 기다릴 수 없다

断[duàn] : 자르다, 끊다, 단절하다

离别[líbié] : 이별하다, 헤어지다

워싱턴에 오시거든 꼭 찾아주십시오.

· Remember to look me up if you're ever in Washington.

· 如果来华盛顿时一定找我。

옛 친구들과는 완전히 연락이 끊어졌어요.

· I've been completely out of touch with my old friends.

· 跟老朋友们断了联系。

그렇게 빨리요? 좀 더 있다 가시죠?

· So soon? Why don't you stay a little longer?

· 那么快，多呆一会儿再走吧!

하지만 방금 도착하셨는데, 좀 더 있다가 가시면 안돼요?

· But you just got here. Can't you stay a little longer?

· 刚来不久，等一会儿再走，不行吗？

네? 벌써요? 작별의 표시로 한잔은 더 하셔야죠?

· What? Already? At least have one for the road?

· 这么早？为离别再来举一杯吧？

아직은 안돼요. 작별의 표시로 한잔은 더 하셔야죠?

· Oh, not yet! How about one for the road?

· 还不行，为离别再来举一杯吧？

그러고 싶지만 벌써 늦었는데요.

· I wish I could, but it's already late.

· 我也想，但时间已经晚了。

고맙습니다. 하지만 정말 안돼요.

· That's very nice of you, but I really can't.

· 谢谢，但真的不行。

저도 그러고 싶지만 내일 일찍 일어나야 하거든요.

· I'd love to, but I have to get up early tomorrow.

· 我也想，不过明天要早点起床。

아뇨. 말씀만 들어도 고맙습니다.

· No. Thanks all the same.

· 谢谢，我心领了。

아, 이거 유감이군요, 좀 더 계셨으면 좋을텐데.

· Oh! I'm sorry, I wish you could stay.

· 啊，真可惜!多呆一会儿多好!

떠나야 한다니 유감입니다.

· Oh, it's really a shame that you have to leave.
Well, it's too bad that you have to go.

· 你要离开，我真难过呀!

아, 이렇게 일찍 떠나셔야 한다니 유감이에요.

· Well, I'm sorry you have to leave so early.

· 你这么早日离开，真舍不得呀!

즐거웠다니 기쁩니다.

· I'm glad you enjoyed it./It was our pleasure.

· 你过得愉快，我也高兴。

잘 지내(잘 보내고 있어)

· It's cool.

· 你要好好儿过日子。

起床[qǐchuáng] : 일어나다, 기상하다

心领[xīnlǐng] : 고맙습니다, 그 호의만은 감사히 받겠습니다

难过[nánguò] : 괴롭다, 슬프다

舍不得[shěbude] : 아쉽다, 섭섭하다

空[kōng] : 공백, 틈

干[gàn] : (일을)하다

不好意思 [bùhǎoyìsi] : 부끄럽다, ~하기 곤란하다

容易[róngyì] : 쉽다, 용이하다

시간 좀 있어요?

· Got a sec?

· 有空吗？ / 有时间吗？

여기 웬일이니?

· What brings you here?

· 来这里干嘛？ / 来这儿有什么事？

다음에 또 보자.

· Catch your later.

· 下次再见!

꼴이 말이 아니라 죄송해요.

· Excuse my appearance.

· 真不好意思，对不起。

나 지금 가요.

· I'm off now.

· 我在走了。

너랑 연락하기 정말 힘들다.

· It's very hard to get hold of you.

· 跟你联系真不容易。

다음에 보자.

· Let's make a date.

· 改天再见!

Part 5. 사 과

· 道歉的目的是为了表明自己勇于承担责任。
사과하는 목적은 스스로 용감하게 책임을 진다는 것을 표명하기 위함이다.

여러 상황 표현

이번에는 우리의 감정을 표현하는 법에 관하여 이야기합시다.

· This time, lets talk about how to express our feelings.
· 这次我们要谈谈对如何表达我们的感情。

사람들은 다양한 상황 속에서 여러 감정들을 가지고 있지요. 그래서 우리의 감정을 다른 사람들에게 표현하는 데는 대화기술이 필요해요.

· People have various feelings in diverse situations. So, it takes conversation skills to express our feelings to others.
· 很多情况下，人们都具备丰富的感情。
因此，我们应该需要跟别人沟通的对话方法。

맞아요. 그럼, 사과할 때는 무엇이라고 말하나요?

· That's right. Well, what do you say when you apologize?
· 说得对，道歉时怎么说呢？

如何[rúhé] : 어떻게, 어떤

表达[biǎodá] : 표현하다

感情[gǎnqíng] : 감정

具备[jùbèi] : 갖추다, 구비하다

丰富[fēngfù] : 풍부하다, 많다

沟通[gōutōng] : 통하다, 소통하다

道歉[dàoqiàn] : 사과하다, 미안함을 표시하다

抱歉[bàoqiàn] : 미안하게 생각하다

原谅[yuánliàng] : 양해하다, 용서하다

宽恕[kuānshù] : 너그러이 용서하다

关于[guānyú] : ~에 관해서

劳驾[láojià] : (부탁·양보를 청할 때 쓰는 겸손한 말) 죄송합니다, 미안합니다

麻烦[máfan] : 폐를 끼치다, 번거롭게 하다

迟到[chídào] : 지각하다, 늦다

'미안합니다,' '사과하죠,' '용서해 주십시오' 또는 '제 사과를 받아주십시오'라고 말할 수 있죠.

· I can say; I'm sorry,' 'I ' apologize,' 'Please forgive me,' or 'Please accept my apology.'

· 可以说"对不起", "抱歉", "请原谅"或者"请宽恕"。

그 점 미안합니다.

· I'm sorry about that.

· 关于这一点，真对不起

실례하겠어요.

· Excuse me.

· 劳驾。 / 对不起。 / 麻烦你了

늦어서 미안합니다.

· Excuse me for being late.

· 我来晚了，对不起。

늦은 것 용서해 주세요.

· Please forgive me for being late.

· 我迟到，很抱歉。

귀찮게 해서 미안합니다.

· I'm sorry to have to trouble you.

· 对不起, 麻烦你了。

오래 기다리게 해서 미안합니다.

· I'm sorry to have kept you waiting so long.

· 对不起, 让你久等了。

괜찮아요.

· That's all right. / No sweat.

· 没事。/ 没关系。

그건 걱정하지 마세요.

· Don't worry about that.

· 别担心。

문제될 것 없습니다.

· No problem.

· 没问题。

제가 범한 과실에 대해 진실로 사과합니다.

· I do apologize for what I've done.

· 我做错了，真对不起。

저의 사과를 받아주세요.

· Please accept my apology.

· 请你宽恕一下。

당신을 용서하겠어요.

· You're forgiven.

· 我原谅你了。

좋아요, 받아들이죠.

· All right. You're accepted.

· 好了，我接受。

· 그 점으로 비난받을 사람은 저예요.

· I'm to blame for that.

· 这一件事应该怪我。

担心[dānxīn] : 걱정하다

错[cuò] : 틀리다, 맞지 않다

接受[jiēshòu] : 받아들이다, 수락하다

怪[guài] : 책망하다, 원망하다

听懂[tīngdǒng] : 알아듣다

清楚[qīngchu] : 분명하다, 명확하다

耽误[dānwu] : 시간을 허비하다

故意[gùyì] : 고의로, 일부러

단지 제 탓이죠.

· I can only blame myself.

· 是我错了。

미안해요, 어쩔 수가 없었어요.

· I'm sorry, I couldn't help it.

· 对不起，没有方法了。

아, 미안해요. 내가 당신의 목소리를 못 알아들었어요.

· Oh, I'm sorry. I didn't recognize your voice.

· 对不起，我没听懂。/ 对不起，我不清楚。

기다리게 해서 미안합니다.

· Excuse me for keeping you waiting.

· 对不起，让你久等了。

더 일찍 답장을 못 드려서 죄송합니다.

· I'm sorry not to have answered earlier.

· 对不起，没有跟你早点儿回信。

시간을 너무 많이 빼앗아 죄송합니다.

· I'm sorry to have taken so much of your time.

· 对不起，耽误你的时间。

폐를 끼치고 싶지 않습니다.

· I don't to bother you. / I don't want to get in your way.

· 我不想麻烦你。

고의로 그런게 아닙니다.

· My intentions were good.

· 我真的不是故意的。

그럴 생각은 추호도 없었습니다.

· I really didn't mean it at all.

· 我真的不想这样做。

미안합니다. 고의로 발을 밟은 것은 아니었어요.

· I'm sorry, I didn't mean to step on your foot.

· 对不起，我不是故意踩你的脚的。

기분을 상하게 해드리지는 않았는지 모르겠네요.

· I hope I didn't offend you.

· 我不知道是不是伤你的心呢。

실례했습니다. 사람을 잘 못 봤습니다.

· Excuse me. I got the wrong person.

· 对不起，你认错人了。

제가 감정을 건드린 것은 아닌지 모르겠네요.

· I hope I didn't hurt your feelings.

· 我希望没让你不高兴。

제가 망쳐 놓았어요.

· I got fed it up./ I messed it up.

· 全都被我弄得乱七八糟了。

당신까지 이 일에 말려들게 해서 정말 죄송합니다.

· I'm sorry, you got involved in this.

· 对不起, 没想到这件事缠着你。

踩[cǎi] : 밟다, 짓밟다

伤心[shāngxīn] : 상심하다, 슬퍼하다

全都[quándōu]:전부

弄[nòng] : 하다, 만들다

乱七八糟[luànqībāzāo] : 어망진창이다, 혼잡하다

缠[chán] : 휘감다, 얽히다, 얽매다

差一点儿[chàyīdiǎnr] : 하마터면, 자칫하면

固执[gùzhí] : 고집스럽다, 완고하다

发生[fāshēng] : 발생하다, 생기다

事故[shìgù] : 사고

미안합니다. 제가 날짜를 혼동했군요.

· I'm sorry, I'm mixed up on the days.

· 对不起，我看错日子了。

내가 말을 잘못했습니다.

· It was a slip of the tongue.

· 我说错了。

그건 제 잘못이 아니에요.

· It wasn't my fault.

· 这件事不是我弄的。

내가 깜빡 잊었군요.

· It slipped my mind.

· 我差一点忘了。

끝까지 우겨서 미안해요. 하지만 내가 느낀 일이 바로 그거라서.

· I'm sorry to insist, but thart's the way I feel about it.

· 是我固执，对不起。但我觉得应该这样的。

내 잘못이었어요.

· It was my fault.

· 是我弄错了。

아, 제 잘못이었어요. 제가 비난받아 마땅합니다.

· Oh, it was my fault. I'm to blame.

· 是我错了。应该怪我才对呢。

그런 사고가 난 것은 제 잘못이에요.

· It's my fault that the accident happened.

· 都是因为都我错，才发生那个事故。

당신은 잘못한 게 없어요.

· You did the right thing.

· 你没有做错。

그건 제가 생각이 부족했기 때문이요.

· That was thoughtless of me.

· 那个是因为我照顾不好的。

그건 저의 부주의 탓이었어요.

· That was careless(clumsy) of me.

· 那个是我没注意到的。

저도 참 바보 같았어요.

· That was foolish of me.

· 我真的糊涂了。

그 책을 안 가져온 것에 대해 사과하겠어요.

· I owe you an apology for forgetting the books.

· 我对没带来那本书道歉。

제가 범한 실수에 대해 사과드리고 싶습니다.

· I want to apologized to you for my mistake.

· 我要为我的过失道歉。

약속을 지키지 못한 걸 용서해 주세요.

· Please forgive me for breaking the promise.

· 请原谅我的失约。

因为[yīnwèi] : ~때문에

照顾[zhàogù] : 돌보다, 보살펴주다

注意[zhùyì] : 주의하다, 조심하다

糊涂[hútú] : 어리석다, 멍청하다, 뒤범벅하다

过失[guòshī] : 잘못, 실수

失约[shīyuē] : 서약, 맹세를 어기다

打扰[dǎrǎo] : 폐를 끼치다, (남의 일을) 방해하다

过意不去[guòyìbùqù] : 미안해하다, 죄송하게 생각하다

闹[nào] : 떠들다, 소란을 피우다

添麻烦[tiānmáfan] : 불편을 더하다, 번거롭게 하다

巴士[bāshì] : 버스

그런 일로 귀찮게 해드려서 죄송합니다.

· Sorry to disturb you in such a matter.

· 我打扰你，真过意不去。

폐를 많이 끼쳐드려서 죄송합니다.

· Sorry to cause you so much trouble.

· 给你添了这么多麻烦，对不起。

한바탕 소란스럽게 해서 죄송합니다.

· Sorry for making all that fuss.

· 闹了这么一出，真对不起。

이런 저런 폐를 끼쳐 진심으로 사과의 말씀을 드리겠습니다.

· Let me offer my sincere apologies to you for this trouble.

· 给你添麻烦了，真的很抱歉。

늦게 전화를 걸어 미안합니다. 잠을 깨운 것은 아니겠지요.

· I'm sorry to call so late. I hope I didn't wake you up.

· 抱歉这么晚还给你打电话，希望没打扰你。

사과하겠어요. 버스를 놓쳤거든.

· I've got to apologize, I missed the bus.

· 我该道歉，巴士已经开走了。

어머니에게 가서 죄송하다고 말해라.

· Go and say you're sorry to your mother.

· 你应该过去向妈妈道歉。

Part 6. 감사의 표현

· Anything you're good at contributes to happiness.
당신이 잘 하는 일이라면 무엇이나 행복에 도움이 된다.

여러 상황 표현

제가 큰 은혜를 입었습니다.

· You're doing me a big favor.

· 你帮了我大忙了。

帮忙[bāngmáng] : 돕다, 도와주다

关心[guānxīn] : 관심을 가지다

감사합니다.

· Thank you. / I appreciate that.

· 谢谢。

관심을 가져 주셔서 감사합니다.

· I appreciate your concern.

· 非常感谢你的关心。

어떻게 감사를 드려야 할지 모르겠습니다.

· I can't thank you enough.
I don't know how to thank you.(enough)
I can never thank you enough.
How can I ever thank you? / How can I ever repay you?

· 真的不知道应该怎么感谢你才好？

甭[béng] : ~할 필요 없다

一切[yīqiè] : 일체, 전부

不管[bùguǎn] : ~에 관계없이, ~를 막론하고

천만에요.

· You're(very /quite) welcome.

· 不用客气。/ 甭客气。/ 不客气。

원 별말씀을요.

· Don't mention it. Not at all.

· 哪里哪里。/ 哪儿的话。

당신도요.

· The same to you.

· 你也是。

천만에요(강조)

· You're more than welcome.

· 谢什么，应该做的。

그렇게 말씀해 주시니 고맙습니다.

· It's very nice of you to say so.

· 谢谢你这么说。

제 영어 공부를 도와 주셔서 고맙습니다.

· It's very kind of you to help me with my English.

· 谢谢你帮我学习英语。

그저 감사할 따름입니다.

· Thank you for everything.

· 谢谢你所做的一切。

어쨌든 감사합니다.

· Thank you anyway.

· 不管怎么样，谢谢你。

정말 감사합니다.

· Thank you very much indeed.

· 真的谢谢你。

그 점 정말 고맙게 생각합니다.

· I appreciate it very much.

· 我真的感谢你了。

그렇게 해 주시면 감사하겠습니다.

· I would appreciate it.

· 你那样做的话，感谢你了。

태워다 주셔서 감사합니다.

· Thank you for giving me a lift.

Thank you for the ride.

· 谢谢你用汽车送我来家。

제가 오히려 고맙죠.

· It was my pleasure.

· 我倒谢谢你了。

그렇게 말씀해 주시니 고맙습니다.

· It's kind of you to say that.

· 谢谢你那么说。

이젠 괜찮습니다. 고맙습니다.

· I'm all right now. Thank you.

· 我现在没事，谢谢你。

고맙습니다. 그거 좋지요.

· Thank you, I'd like that.

· 谢谢你，那是个好主意。

没事[méishì]: 할 일이 없다, 문제없다

好主意[hǎozhǔyì] : 좋은 생각이다

款待[kuǎndài] : 환대하다, 극진히 대접하다

考虑[kǎolǜ] : 고려하다

帮助[bāngzhù] : 돕다, 도와주다

报答[bàodá] : 보답하다

저녁 시간 덕분에 재미있었습니다.

· Thank you very much for a nice evening.

· 晚上的时间过得很愉快。

감사합니다만 사양하겠습니다.

· No thanks. I'd better not.

· 谢谢，我心领了。

감사합니다만, 제 스스로 해야 할 것 같습니다.

· Thank you very much, but I guess I'd better do it myself.

· 谢谢你，但应该我自己来才好。

환대에 감사드립니다.

· Thank you for your hospitality.

· 谢谢你的款待。

여러모로 고려해 주셔서 정말 고맙게 생각합니다.

· I appreciate your consideration.

· 你对我这样考虑非常感谢。

큰 도움이 되었어요.

· You've been a great help.

· 你的帮助很大了。

나를 위해 그렇게 해 준 것, 정말 고맙게 생각하고 있어요.

· Thanks a million, for what you have done for me.

· 你为我那样做，我很感谢你了。

보답해 드릴 수 있었으면 좋겠어요.

· I hope I can repay you for it.

· 我很希望报答你。

당신을 도울 수 있다는 것은 너무나 기쁜 일이죠.

· I'm only too glad to be able to help you.

· 能帮助你我很高兴。

저도 마찬가지로 감사합니다.

· Thanks just the same.

· 我也同样感谢你。

우린 그 일로 그 사람한테 감사를 해야 합니다.

· We've got to thank him for it.

· 这件事我们应该谢谢他。

천만의 말씀입니다.

· The pleasure is all mine.

· 你说的太客气了。

도와주셔서 감사합니다.

· Thank you for your help. / I appreciate your help.
I appreciate the help.

· 非常感谢你帮我忙。

고마워. 한 달 뒤에 갚을게.

· Thanks. I'll pay back in one month.

· 谢谢，过一个月一定还给你。

그렇게 말씀해 주시니 감사합니다.

· How kind of you to say so.

· 你能那样说，非常感谢你。

동반해 주셔서 즐겁습니다.

· I enjoy your company.

· 跟你在一起我很高兴。

同样[tóngyàng] : 같다, 마찬가지다

客气[kèqi] : 겸손하다, 공손하다

还给[huángěi] : ~에게 돌려주다

友谊[yǒuyì] : 우정, 우의

友好[yǒuhǎo] : 우호적이다

谢意[xièyì] : 감사의 뜻, 사의

托福[tuōfú] : 은혜를 입다, 덕을 보다

丰盛[fēngshèng] : 풍성하다, 성대하다

당신의 호의와 우정에 정말 깊은 감사를 드립니다.

· I very much appreciate your hospitality and friendship.

· 我对您的友谊和友好深表谢意。

저녁시간 정말 즐거웠습니다.

· I certainly enjoyed the evening.

· 晚上的时间过得很愉快。

당신 덕분에 오늘 정말 재미있게 보냈습니다.

· I had wonderful time being with you.

· 托福你，今天过得真愉快了。

훌륭한 저녁 식사였어요.

· That was a wonderful dinner.

· 晚餐非常丰盛。

같이 보낸 모든 순간이 정말 재미있었습니다.

· I've enjoyed every moment we've had together.

· 在一起过的每一分钟都很愉快了。

저희와 함께 시간을 보내 주셔서 감사합니다.

· I appreciate you taking your time with us.

· 谢谢你这些日子跟我们在一起。

모든 게 맛있었습니다.

· Everything was delicious.

· 什么都好吃极了。

맛있게 드셨다니 반갑습니다.

· I'm glad you enjoyed it.

· 你吃好了，谢谢你。

더할 나위 없이 좋았습니다.

· Couldn't be better.

· 什么都无比喜悦。

당신은 생명의 은인입니다.

· You're a lifesaver.

· 你是我的救命恩惠。

귀중한 시간을 내주셔서 대단히 고맙습니다.

· Thank you very much for sparing so much of your precious time.

· 谢谢，我占了你的宝贵时间。

고마워요.

· Thanks a lot.

· 谢谢你。

오늘 저를 만날 시간을 내주셔서 고맙습니다.

· I want to thank you for taking the time to see me today.

· 谢谢今天抽个时间跟我见面。

저도 기쁘게 한 일입니다.

· I was glad to do it.

· 我也很高兴这样做。

제게 좋은 아이디어를 주셨습니다.

· You give me some good ideas.

· 给我出了好主意。

그밖에 또 제가 도와드릴 일이 있으면 전화만 하세요.

· If there's anything else I can do for you, just give me a call.

· 如果还需要别的事，马上给我联系。

无比[wúbǐ] : 견줄 나위 없다, 비할 바 없다

喜悦[xǐyuè] : 즐겁고 상쾌하다, 유쾌하다

救命恩惠[jiùmìngēnhuì] : 생명의 은인

占[zhàn] : 점거하다, 차지하다

宝贵[bǎoguì] : 귀중하다

抽[chōu] : (시간·틈을) 내다

马上[mǎshàng] : 곧, 즉시

再次[zàicì] : 두 번째, 다시

다시 한 번 감사드립니다.

· Thanks again.

· 再次表示感谢了。

전화 주셔서 고맙습니다.

· Thank you for calling.

· 谢谢你给我打电话。

Part 7. 칭찬의 표현

· People ask you for criticism, but they only want praise.
사람들은 당신에게 비평을 요구하지만 사실은 칭찬받고 싶어 할 뿐이다.

여러 상황 표현

옷을 입으신 것을 보니 취미가 고상하시군요.

· The way you dress shows very good taste.

· 从你穿着可以看出你不俗的品位。

그렇게 말씀해 주시니 고맙습니다.

· It's very nice of you to say so.

· 谢谢您那样说。

참 잘하셨어요.

· You did a fine job.

· 你做的挺好啊!

멋있군요.(굉장하군요, 놀랍군요)

· That's beautiful!(wonderful, great)

· 好样儿。 / 好棒。 / 真让人吃惊。

친절하기도 하셔라!

· You're so nice.

· 好亲切!

不俗[bùsú] : 속되지 않다, 세련되다

挺[tǐng] : 매우, 아주

好棒[hǎobàng] : 매우 좋다, 정말 대단하다

吃惊[chījīng] : 놀라다

亲切[qīnqiè] : 친근하다, 친밀하다

骄傲[jiāoào] : 자랑스럽다, 뽐내다

虽然 ~但[suīrán ~ dàn] : 비록 ~일지라도, 단지

新手[xīnshǒu] : 신참, 초보

看起来[kànqǐlái] : 보아하니, 보기에

合适[héshì] : 적합하다, 알맞다

手艺[shǒuyì] : 손재간, 솜씨

帅[shuài] : 멋지다, (남자) 잘 생기다

그렇지요, 그렇게 해야지요.

· That's the way.

· 就是，应该那样做。

나는 당신이 자랑스럽습니다.

· I'm very proud of you.

· 我为你感到骄傲。

그렇게 훌륭하게 해 내리라고는 미처 생각 못했어요.

· I didn't expect you to do such a good job.

· 我真没想到你做得那么精彩。

초보로서는 상당히 잘하시는군요.

· For a beginner, you're pretty good.

· 虽然你是新手，但做得很好。

당신은 이일에 안성맞춤입니다.

· You are the right man for the job.

· 看起来，这件事情对你正合适。

그녀는 손재주가 좋아요.

· She is quite good with her hands.

· 她的手艺很好。

맞는 말입니다.(잘 지적하셨어요)

· You've got a point.

· 说得好。 / 说得对。

참 멋지군요.

· You look like a million bucks.

· 很棒! / 好帅啊! / 很好!

나이에 비해 젊어 보이시는군요.

· You look young for your age.

· 你显得很年轻。

기억력이 참 좋으시군요.

· You have a very good memory.

· 你的记忆力很好!

아이가 참 귀엽군요.

· What a cute baby!

· 小孩子长得很可爱。

당신은 눈이 참 예쁘군요.

· You have beautiful eyes.

· 你的眼睛真漂亮。

어머, 멋지군요!

· Oh, that's keen!

· 哇!真棒!

그는 어느 모로 보나 신사입니다.

· He's a gentleman in every sense of the world.

· 他还具有绅士的品位。

김은 사진을 아주 잘 받아요.

· Kim is very photogenic.

· 金同学在照片上的样子很好看。

이 사진에 아주 잘 나왔네요.

· You came out beautiful in this picture.

· 你这张照片上照得好看。

显[xiǎn] : 드러나다, 나타나다

年轻[niánqīng] : (나이, 용모가) 젊다

记忆力[jìyìlì] : 기억력

眼睛[yǎnjing] : 눈

漂亮[piàoliang] : 예쁘다, 아름답다

具有[jùyǒu] : 가지다, 갖추다

绅士[shēnshì] : 명사, 유력인사

品位[pǐnwèi] : 품격과 지위

照片[zhàopiàn] : 사진

相貌[xiàngmào] : 용모

壮[zhuàng] : 건장하다, 튼튼하다

健康[jiànkāng] : 건강하다

秘诀[mìjué] : 비결

苗条[miáotiao] : 날씬하다, 가냘프다

坚持[jiānchí] : (태도 · 주장을) 굳게 지키다, 견지하다

减肥[jiǎnféi] : 체중을 줄이다, 다이어트하다

사진은 그녀의 실물보다 더 잘 나왔군요.

· This picture flatters her.

· 他的实际相貌没有这张照片里的好。

사진보다 실물이 더 예쁘네요.

· You're lovelier than your pictures.

· 这张照片没有实际相貌好看。

신체가 좋습니다.

· You are well-built.

· 你长得很壮。

건강해 보이시는군요.

· You look fit.

· 看起来，你身体很健康。

건강의 비결은 무엇입니까?

· What's responsible for your good health?

· 你身体健康的秘诀是什么？

어떻게 그렇게 건강하십니까?

· How do you keep fit?

· 你怎么这么健康啊？

어쩜 그렇게 날씬하세요?

· How do you keep in shape?

· 你怎么这么苗条啊？

다이어트를 계속하고 운동을 많이 해요.

· I stick to my diet and exercise a lot.

· 我坚持减肥而多做运动。

요즘 경기가 좋은 모양이군요.

· You look prosperous.

· 最近经济情况好多了。

자네 오늘 쭉 뺐군.

· You're all dressed up today.

· 今天你穿得好帅啊!

새 셔츠를 입으니 보기가 좋군요.

· You look nice in your new shirt.

· 穿新衬衫更好看。

그 타이는 당신 옷에 잘 어울립니다.

· That tie goes well with your suit.

· 那条领带配你穿的衣服挺合适。

그것 참 잘 어울립니다.

· You look stunning in it.

· 穿得挺合适的。

그것은 정말 당신한테 잘 어울립니다.

· It really looks good on you.

· 那个对你挺合适的。

인기가 대단하시겠어요.

· You must be very popular.

· 你一定人气很旺。

어디서 그렇게 멋지게 태우셨어요?

· Where did you get such a nice tan?

· 在哪儿晒得这么好看？

经济[jīngjì] : 경제

衬衫[chènshān] : 셔츠

领带[lǐngdài] : 넥타이

配[pèi] : 배합하다, ~에 어울리다

人气[rénqì] : 인기, 사람 · 사물이 환영받는 정도

旺[wàng] :왕성하다, 많다

晒[shài] : 비추다, 쬐다, (햇볕에) 타다

迷恋[míliàn] : 열중하다, 그리워하다

过奖[guòjiǎng] : 과찬하다, 지나치게 칭찬하다

厉害[lìhai] : 심하다, 대단하다

流利[liúli] :유창하다

护士[hùshi]: 간호사

指点[zhǐdiǎn] : 제시하다, 지도

나는 당신에게 반했습니다.

· I fell in love with you.

· 我迷恋(爱上)你了。

과찬이십니다. / 원 별말씀을!

· You flatter me immensely.

· 过奖了，哪里哪里!

당신은 능력이 대단하시군요.

· You must be a man of ability.

· 你的能力很厉害。

어떻게 그렇게 영어를 잘 하십니까?

· How come you speak such good English?

· 你怎么能英语说得那么好？

마치 미국 사람처럼 영어를 잘 하십니다.

· You speak English without an accent.

· 你英语说得好像美国人一样。

영어를 훌륭하게 구사하시는군요.

· You are in good command of English.

· 你英语说得非常流利。

그녀는 간호원으로는 적격이에요.

· She is cut to be a nurse.

· 她做护士挺合适。

잘 지적해 주셨어요.

· You got a good point.

· 谢谢你的指点。

맞아요, 바로 그거예요.

· You've got it.

· 对啊，这就是。

어려운 결심을 하셨군요.

· You made a tough decision.

· 你作出了艰难的选择。

당신은 참 부지런하시군요.

· You're an early bird, aren't you?

· 你这个人非常勤劳。

맞아요. 기억력이 썩 좋으시군요.

· That's right. You have a very good memory.

· 对啊，你的记忆力很不错。

그는 수학에 능해요.

· He is up on mathematics.

· 他的数学能力很强。

패션에 대한 안목이 있으시군요.

· You have an eye for fashion.

· 你对时装很有眼光。

그는 정말 머리가 좋아요.

· He is a real egghead.

· 他很聪明。

그는 머리가 참 좋은 아이에요.

· He is such a bright boy.

· 他是个很聪明的孩子。

选择[xuǎnzé] : 선택

勤劳[qínláo] : 근면하다, 부지런히 일하다

时装[shízhuāng] : 패션

眼光[yǎnguāng] : 안목

聪明[cōngmíng] : 총명하다, 영리하다

礼貌[lǐmào] : 예의

灵机[língjī] : 기지, 재치

才华[cáihuá] : 재능

制作[zhìzuò] : 만들다, 제작하다

工具[gōngjù] : 기구, 도구

그는 현명한 사람이에요.

· He has a good head on his shoulders.

· 他是个很聪明的人。

당신은 참 인사성이 밝으시군요.

· You always know the right thing to say.

· 你很有礼貌。

그녀는 기억력이 참 좋아요.

· She has a memory like an elephant.

· 她的记忆力真好。

그는 재치가 있어요.

· Sha is quick-witted.

· 他有灵机。

그녀는 소질이 있어요.

· You've got what it likes.

· 她有才华。

당신은 모르는 게 없군요.

· You must be a walking encyclopedia.

· 你没有不知道的。

정말 잘했어요.

· You get a gold star for that.

· 真的做得好棒!

그는 도구를 다루는 손재주가 있어요.

He is very handy with tools.

· 他有制作工具的手艺。

못하는 게 없으시군요.

· Is there anything you can't do?

· 你什么都能做到。

당신의 입장이 부럽습니다.

· I wish I were in your shoes.

· 我很羡慕你。

당신 같은 강한 의지력 좀 있었으면 해요.

· I wish I had your will power.

· 我也希望能跟你一样强。

계획에 충실 하는 당신이 존경스럽습니다.

· I admire you for sticking to your plans.

· 我很敬佩你坚持按计划来做事。

정말 그는 수영을 잘하네요.

· Look how well he's swimming.

· 他真的游得好棒。

저의 성공은 아버지 덕분이죠.

· I owe my success to my father.

· 我的成功是靠了父亲的帮助。

네가 나보다는 한수 위야.

· You are a cut above me.

· 我还赶不上你了。

그런 상황을 극복하시는 당신의 역량이 부럽습니다.

· I envy you for your ability to cope with the situation.

· 你能克服那么难的情况我很感动。

做到[zuòdào] : ~해내다, 달성하다

羡慕[xiànmù] : 부러워하다, 흠모하다

敬佩[jìngpèi] : 존경하다, 경복하다

按[àn] : ~에 따라, ~에 맞추어

计划[jìhuà] : 계획

靠[kào] : 의지하다, 기대다

赶不上[gǎnbushàng] : 따라 잡을 수 없다

克服[kèfú] : 극복하다, 이겨내다

出色[chūsè] : 뛰어나다, 탁월하다

墙炉子[qiánglúzǐ] : 벽난로

了不起[liǎobuqǐ] : 대단하다, 뛰어나다

理想[lǐxiǎng] : 이상, 꿈

维护[wéihù] : 지키다, 보호하다

面子[miànzi] : 체면, 면목

아주 잘하고 있어요.

You are coming along well.

弄得很好。

그것 잘 사셨군요.

That's a good buy.

买到这个挺好。

그래서 그렇게 훌륭하군요.

No wonder it is so nice.

所以那么出色。

멋진 집을 가지고 계시는군요.

You have a lovely home.

你的房子很漂亮。

벽난로가 굉장하군요.

What a gorgeous fire place!

墙炉子很了不起。

모든 게 이상적으로 되어 있군요.

What a lay-out!

所有的情况都是理想的。

그게 더 근사하네요.

That's more like it!

那个更漂亮。

그는 체면을 유지했어요.

He saved his face.

他维护他的面子了。

그 사람이 유리한 입장입니다.

He has the upper hand.[1)]

他处于比较有利的地方。

그 사람 숫자에는 귀신이야.

He is good at figures.

他把数词玩得出神人化。

그는 이해력이 대단하지요.

He is quick at[2)] understanding.

他的理解能力很厉害。

그는 영어를 능수능란하게 구사한다.

· He has a good command of[3)] English.

· 他英语说得非常流利。

그는 심미안이 있어요.

· He has an eye for[4)] beauty.

· 他具有审美眼光。

그는 매우 치밀한 사람이에요.

· He's an eagle-eyed man.

· 他做得很周到。

그는 대단히 재미있는 분이에요.

· He is great fun.

· 他很有幽默感。

1) (우월, 지배, 우위) 등의 뜻이지만, 「능력이 있다」는 뜻으로도 사용된다.

2) be quick at ~에 빠르다, 민감하다.

3) 자유자재로 구사하다.

4) ~을 보는 눈이 있다, 볼줄 안다.

处于[chǔyú] : (어떤 지위나 상태에) 처하다, ~에 있다

出神人化[chūshénrùhuà] : 기예가 입신의 경지에 들다, 귀신같다

理解[lǐjiě] :이해하다

厉害[lìhai] :대단하다

审美[shěnměi] : 깨닫다, 식별하다

眼光[yǎnguāng] : 능력, 안목

周到[zhōudao] : 주도면밀하다, 빈틈없다

幽默感[yōumògǎn] : 유머감각

Business

Part 8. 격려 · 위로의 표현

· 路遥知马力, 日久见人心
길이 멀어야 말의 힘을 알 수 있고, 세월이 흘러봐야 사람의 마음을 알 수 있다.

여러 상황 표현

加油[jiāyóu] : 힘을 내다, 기운을 내다

成功[chénggōng] : 성공하다

자, 힘을 내. 너는 할 수 있어.

· Come on, you can do it.
· 加油!你能做到。

뭐든지 말씀만 해 보십시오.

· You name it and I've got it.
· 你想说什么就说什么。

훌륭히 해냈어요.

· You did a good jobs.
· 你做得好好地成功了。

난 네가 자랑스럽다.

· I'm so proud of you.
· 因为你, 我很骄傲。

좋은 날씨가 될 가능성도 반반이지요.

· I think we have a fifty-fifty chance for good weather.

· 天气好的可能性一半。

이길 수도 있지요. 가능성은 양쪽 다 똑같으니까요.

· You might win. The odds are even.

· 也许能胜利。胜利的可能性双方各占一半。

당신은 틀림없이 해낼 수 있을 것이라고 믿어요.

· I bet you can make it.

· 我相信你一定能做到。

그것은 문제없어요.

· That's easy.

· 那个没问题。

그것은 문제도 안돼요.

· That's very simple.

· 那个不是大事(问题)。

물론 확실합니다.

· Sure, I'm sure.

· 那当然没问题。

걱정하지 마세요.

· Don't mind.(Don't worry)

· 别担心。

자, 걱정할 것 없어요.

· Well, never mind.

· 那，不要担心。

也许[yěxǔ] : 어쩌면, 아마

胜利[shènglì] : 승리하다

担心[dānxīn] : 걱정하다, 근심하다

负担[fùdān] : 부담하다

失望[shīwàng] : 실망하다, 희망을 잃다

干水捕鱼[gànshuǐbǔ yú] : 물을 다 뺀 후 물고기를 잡다 →누워서 떡먹기만큼 쉽다

걱정할 것 하나도 없어요.

· You have nothing to worry about.

· 不要担心。

부담스럽게 생각하지 마세요.

· Think nothing of it.

· 不要想负担。

기운 내!

· Cheer up!

· 加油!

낙담하지 말아요.

· Never say die.

· 不要失望。

당신의 마음을 잘 알아요.

· I know how you feel.

· 我很理解你的心情。

인생은 다 그런 거에요.

· Such is the life.

· 人生都是这样的。

그렇다면 더더욱 좋죠.

· So much the better.

· 那样，多好!

누워서 떡먹기예요.

· It's a piece of cake.

· 做得很容易的(干水捕鱼)。

물론, 말할 것도 없죠.

· Sure. That goes without saying.

· 那还用说呢。

행운을 빌겠어요.

· Good luck!

· 祝你幸福。

좀 더 힘내세요.

· Be of better cheer!

· 加油! 再加油!

머리를 쥐어 짜내봐!

· Beat your brains out!

· 动动脑筋吧!

내가 보기에 너는 대성할 사람 같아.

· You are the apple of my eye.

· 我认为你一定会成功。

그 얘긴 잊어버리세요. 그건 도저히 실현될 수 없는 계획이야.

· You can forget it. It's only a pipe dream.

· 请忘掉那个事。那个只是一个梦想。

모든 게 잘 될 거예요.

· Everything will be fine.

· 会万事如意的。

어려울 때는 저한테 오세요.

· Come to me if you are in any difficulty.

· 有困难来找我吧。

幸福[xìngfú] : 행복

动脑筋[dòngnǎojīn] : 연구하다, 머리를 쓰다

认为[rènwéi] : 생각하다, 여기다

梦想[mèngxiǎng] : 허황된 생각을 하다, 망상하다

万事如意[wànshìrúyì] : 모든 일이 뜻대로 되다

困难[kùnnan] : 어렵다, 곤란하다

照顾[zhàogù] : 돌보다, 보살피다

比[bǐ] : 비교하다

比起来[bǐqǐlái] : 비교해 보면

算不了[suànbuliǎo] : ~라 할 수 없다, ~로 간주할 수 없다

放心[fàngxīn] : 안심하다, 마음을 놓다

足够[zúgòu] : 충분하다, 족하다

作为[zuòwéi] : ~로서

忍耐[rěnnài] : 인내하다, 참다

讨厌[tǎoyàn] : 싫다, 밉다, 힘들다, 번거롭다

勇气[yǒngqì] : 용기

당신 옆에서 충실히 돌봐 줄께요.

· I'll stick by you.

· 我会在你的身边照顾你的。

내 문제와 비교하면 아무것도 아니에요.

· It's nothing compared to(with) my problem.

· 跟我的问题比起来算不了什么大事。

해보지 않고는 스스로의 능력을 알 수가 없지요.

· You never know what you can do till you try.

· 路遥知马力。

안심해!

· Be assured!

· 你放心!

영어를 향상시킬 시간은 충분히 있어요.

· You've got lots of time to improve your English.

· 有足够的时间提高英语水平。

조만간에 그것을 알게 될 거예요.

· You'll get to know it sooner or later.

· 过一段时间就知道了。

남자답게 싫은 일도 참아라.

· Take your medicine like a man.

· 作为男子汉必须忍耐讨厌的事。

필요한 건 용기만 조금 있으면 돼요. 그것이면 충분합니다.

· All it takes a little courage. That's all there is to it.

· 需要的是勇气，有这个就行了。

나중에는 그러길 잘 했다고 하실 거예요.

· In the long run, you'll be glad you did.

· 将来你会为你做的感到自豪。

음, 하지만 세상만사가 다 그런게 아니겠어요?

· Well, that's life, isn't it?

· 那么，世界万物都不是那样的吗？

마음대로 해요(소신껏)

· Have it your own way.

· 请随意。

일단 요령만 익히면 어렵지 않아요.

· It's not hard once you get the hang(knack) of it.

· 把握了诀窍就容易做。

진정하세요.

· Calm down.

· 请放心。

자, 기운을 내세요.

· Come on, snap out of it!

· 好，加油吧!

당신도 그 요령을 알게 될 거예요.

· You will get the hang of it.

· 你也会把握那个诀窍的。

뭐 그런거 가지고 화를 내세요?

· There's no reason to get so angry.

· 干吗为那个生气呢？

将来[jiānglái] : 장래, 미래

自豪[zìháo] : 자랑스럽다, 대견하다

随意[suíyì] : 뜻대로, 생각대로

把握[bǎwò] : (추상적인 것을) 파악하다

诀窍[juéqiào] : 기교, 요령, 솜씨

당신의 답에 제가 만족할 겁니다.

· Your answer will give me satisfaction.

· 你的回答会让我满意。

옳은 영어를 할 수 있게 될 겁니다.

· You will come up with the right English.

· 你会说普通的英语。

보기보다 어렵지 않아요.

· It is not as difficult as it looks.

· 看起来难，但做起来容易。

세상만사가 다 그렇고 그런 것.

· That's the way the cookie crumbles.

· 世间万物各种各样。

없는 것보다는 낫잖아요.

· It's better than nothing.

· 不如没有。

당신은 결코 실패할 리는 없어요.

· It is impossible to associate failure with you.

· 你决不会失败的。

그건 당신한테 딱 들어맞아요.

· That's just your speed.

· 那个对你挺合适。

걱정 말고 말해요.

· Come out and say it.

· 不用担心，请随便说。

그런 사소한 일로 상심하지 마세요.

· Please don't brood over such a trivial matter.

· 请不要为这件小事难过。

잘해 봐!

· Knock'em dead![1)]

· 好好儿干吧!

기운 내.

· Pull yourself together.[2)]

· 打起精神来吧!

너무 낙심하지 마.

· Don't let it get you down.[3)]

· 不要太难过。

내 기분 이해 해.

· I know how you feel.[4)]

· 你能理解我的心情吗？

별 거 아냐.

· It's no big deal.[5)]

· 没什么了不起的。

그냥 네 생각이 그럴 뿐이야.

· It's just your imagination.

· 只是你的感觉而已。

너도 할 만큼 했어.

· You've done more than enough.

· 你已经做得全心全意的。

1) 경기에 출전하거나 무대에 서는 등 어떤 일에 막 임하려는 사람에게 잘해 보라고 응원하는 말. "Go for it."이나 "Get it all you've got."도 비슷한 표현이다. 특히 연극이나 연주를 하러 무대에 오르는 사람에게 "good luck."의 의미로 "Break a leg."라고 한다.

2) 기운 없이 풀이 죽어 있는 사람에게 힘내라고 격려하는 말로, "자신을 추슬러서 기운 내라"는 의미이다. pull 대신 get를 써도 된다. 흔히 쓰이는 "Cheer up!"과 같은 뜻이다.

3) 어쩔 수 없는 일로 크게 낙담하고 있는 상대를 위로할 때 쓰는 표현으로, Don't be so depressed."(너무 우울해 하지 마)의 의미. "Don't let it upset (get to) you."라고도 한다.

4) 동정의 말. "I know what you mean." "I know what you're saying." "I think I understand."도 모두 비슷한 표현이다.

5) 걱정하는 상대에게 "그럴 수도 있지" "큰 일 아니니 걱정 마"라고 안심시키는 말이다. 상대방의 감사에 "별 거 아니에요"겸양할 때도 쓴다.

精神[jīngshén]:정신

难过[nánguò] : 괴롭다, 고통스럽다

亏本[kuīběn] : 손해를 보다, 밑지다

成本[chéngběn] : 원가

软弱[ruǎnruò] : (몸이) 약하다, 연약하다

怀[huái] : 마음에 품다

밑져야 본전이야.

· You have nothing to lose.

· 吃亏本也等于成本。

잘 될 거야.

· You can work it out.

· 会好的。

잘했어. 바로 그거야. 그렇게 하는 거야.

· Way to go!

· 干得好。就是那样。

약한 맘 먹지마. 약한 소리!

· Don't feel sorry for yourself.

· 不要怀着软弱的心，不要说软弱的话。

Part 9. 결심의 표현

· Only the person who has faith in himself is able to be faithful to others.
스스로를 신뢰하는 사람만이 다른 사람들에게 성실할 수 있다.

여러 상황 표현

귀를 귀울이고 다니다가 좋은 게 나오면 알려 드리겠습니다.

· I'll keep my ears open and if I hear of something. I'll let you know.

· 我会留心的，一有消息马上通知你。

留心[liúxīn] : 주의하다, 마음을 기울이다

消息[xiāoxi] : 소식, 정보

추진 중입니다.

· I'm working on it.

· 正在实行。

저는 로스비프를 먹는 게 더 좋아요.

· I prefer to eat the roast beef.

· 我更喜欢吃烤牛肉。

그래야죠. 일생에 한번 있을까 말까 하는

· I have to. It's a once in a lifetime opportunity.

· 那当然，这是很难得机会。

偶尔[ǒuěr] : 간혹, 이따금

发誓[fāshì] : 맹세하다

全力以赴 [quánlìyǐfù] : (어떤 일에) 모든 힘을 쏟다, 온 힘을 다 기울이다

放弃[fàngqì] : 포기하다

어쩌다가 한번 늦게까지 일해야 합니다.

· Once in a blue moon I have to work late.

· 偶尔应该工作到深夜。

절대 입 밖으로 내지 않기로 맹세할게요.

· I swear my lips are sealed.

· 我发誓绝对不说出来。

알았어요. 입 밖에 내지 않을게요.

· Don't worry. My lips are sealed.

· 知道了。我不会说的。

나는 작가되기로 결심했어요.

· I made up my mind to become a writter.

· 我决心要成为一名作家。

기회가 주어진다면 최선을 다하겠습니다.

· I'll perform to the best of my ability if the opportunity is given.

· 如果有机会的话，我会全力以赴。

저는 최선을 다해 한번 해 볼 겁니다.

· I'll do better than my best.

· 我会全力以赴去做。

그녀는 자신의 노력도 헛되이 대학을 중퇴하기로 결정했다.

· She threw up her hands and decided to drop out of college.

· 她决定了放弃大学生活。

남이 하는 일이면 나도 할 수 있어요.

· What man has done. I can do.

· 人家能做到，我也能做到。

나는 굳게 결심했다.

· I had my heart set on going.

· 我下决心了。

죽을 때까지 기다리죠.

· I'll wait an eternity.

· 我死也要等。

단념하겠어요.

· I want to throw in the towel.

· 我打消念头了。

그는 만약을 위한 준비가 되어 있어요. (철두철미하다.)

· He is a belt and suspenders man.

· 他具有有备无患。

남이 뭐라고 할지라도 내 할 일은 하겠습니다.

· Let others say what they will, I will do my duty.

· 不管别人怎么说，我想做什么就做什么。

두고 보십시오.

· Just wait and see.

· 等着瞧吧!

우린 끝까지 싸울 겁니다.

· We will fight it out

· 我们要战斗到最后一个人。

제 차를 처분해야 되겠습니다.

· I have to get rid of may car?

· 我要把我的车卖出去。

下决心[xiàjuéxīn] : 결심을 하다

打消[dǎxiāo] : (생각을) 끊다, 포기하다, 단념하다

念头[niàntóu] : 생각

有备无患[yǒubèiwúhuàn] : 준비가 있으면 근심할 것이 없다

等着瞧[děngzheqiáo] : 두고 보자

战斗[zhàndòu] : 전투하다, 싸우다

Part 10. 충고의 표현

· Liberty without learning is always in peril and learning without liberty is always in vain.
배움이 없는 자유는 언제나 위험하며 자유가 없는 배움은 언제나 헛된 일이다.

여러 상황 표현

好像[hǎoxiàng] : 마치 ~와 같다

接受[jiēshòu] : 받다, 받아들이다, 수락하다

그것을 이용하셔야 됩니다.

· You should take advantage of it.
· 您应该使用那个。

그녀가 당신을 이용한 것 같은데요.

· It looks like she tool advantage of you
· 好像她利用了你。

당신이 받아들이는 것이 유리할 거라고 생각합니다.

· I think it would be to your advantage to accept
· 我觉得接受这条件对你有利。

조금만 참으시죠, 조만간 고쳐 놓을 테니까요.

· Keep your shirt on. I'll fix it sooner or later
· 你忍耐一点，我马上就修理呢。

조심하세요!

· Be careful

· 请注意。

조심 하세요 (한눈을 팔 때 차가 지나갈 경우)

· Watch out!

· 请小心!(汽车)

발 조심 하세요! (계단 조심하세요)

· Watch your step!

· 请小心!(楼梯)

이제 그 욕 좀 그만 하시죠.

· Why don't you stop saying bad words?

· 不要骂!

화를 내지 마세요.

· Don't lose your temper.

· 别生气!

농담을 너무 심하게 하지 말아요

· Don't carry a joke too far.

· 别开玩笑!

그러면 안 돼요 (상대방이 욕을 하거나 거칠 때)

· That's not nice

· 最好别做这样!(对方人骂人或动手时)

이러시면 안 되는데요.

· You shouldn't do this

· .这样做不行了。

注意[zhùyì] : 주의하다

骂[mà] : 욕하다

开玩笑[kāiwánxiào] : 웃기다, 농담하다, 놀리다

最好[zuìhǎo] : 제일 좋기로는

当真[dàngzhēn] : 진실로 받아들이다, 정말로 여기다

在乎[zàihu] : 마음에 두다, 문제삼다

怕[pà] : 두려워하다

讲究[jiǎngjiu] : 중시하다

礼节[lǐjié] : 예절

失望[shīwàng] : 실망하다

그걸 진담으로 듣지 마세요.

· Don't take it serious.

· 别当真。

개의치 마십시오.

· Please don't bother.

· 别在乎。

실수를 할까봐 두려워 마세요.

· Don't be afraid of making mistakes.

· 别怕做错。

격식 따위는 따지지 마세요.

· Don't stand on ceremony.

· 别讲究礼节。

쓸데없는 짓 말아요.

· Don't ask for trouble.

· 别做无用的事。

단언하건데, 일이 그렇게는 안 될 거예요.

· I'm telling you, it's not going to work.

· 说真的，不会成为这样的。

나를 실망시키지 마세요.

· Don't let me down.

· 不要让我失望。

그를 잘 지켜보세요.

· Keep your eye on him.

· 好好儿看着他。

나쁜 친구들과 사귀지 말아라.

· Don't get into bad company.

· 不要跟坏人交往。

잊지 말고 기억하세요.

· Keep that in mind.

· 不要忘记(记住)。

하는게 좋을 것 같거든 하세요.

· Do it if you see fit.

· 如果对你好就做吧!

그에게 너무 심하게 대하지 말아요.

· Don't be too hard on him.

· 不要对他太严格。

일부러 일어나실 것까지는 없어요.

· Don't bother to get up.

· 请别站起来。

자존심을 버리세요.

· Pocket your pride.

· 把你的自尊心抛开吧!

나를 꼭 믿지는 말아요.

· Don't count on me.

· 不要太相信我。

이것을 잠깐 보십시오.

· Take a gander at this.

· 请看看这个。

交往[jiāowǎng] : 왕래하다, 내왕하다

忘记[wàngjì] : 잊어버리다, 까먹다

严格[yángé] : (말, 태도, 규칙 등이) 엄격하다

自尊心[zìzūnxīn] : 자존심

抛开[pāokāi] : 던져버리다, 내버리다

不得不[bùdébù] : 어쩔 수 없이, 부득이하게

打扰[dărăo] : 방해하다, 지장을 주다

任何[rènhé] : 어떠한, 무엇

泄秘[xièmì] : 비밀이 새다, 비밀을 누설하다

保密[bǎomì] : 비밀을 지키다, 기밀을 지키다

弥补[míbǔ] : 채우다, 보충하다

浪费[làngfèi] : 낭비하다, 허비하다

镇静[zhènjìng] : 진정시키다, (마음을) 가라앉히다

수업을 빼 먹지 말아야 한다.

· You should not cut classes.

· 你不得不来上课。

방해하지 마세요.

· Don't stand on my way.

· 请别打扰。

아무에게도 말하지 마세요.

· Keep it to yourself.

· 请别告诉任何人。

비밀을 누설하지 마세요.

· Don't let the cat out of the bag.

· 请别泄秘。

그것은 비밀로 합시다.

· Let's keep it secret.

· 这个事，请保密。

허송세월한 걸 보충하려면 열심히 일해야 해.

· I must work hard to make up for lost time.

· 为了弥补浪费掉的时间，应该努力工作。

진정하세요.

· Calm down! / Cool it!

· 请镇静一下。

그냥 그 자리에 앉으면 돼요.

· All you have to do is stay where you are.

· 坐在那儿就好了。

좀 더 자세히 보세요.

· Take a close look!

· 再仔细看一下。

자, 내게 말해줘요.

· So, tell me more.

· 好，告诉我吧!

그렇게 빡빡하게 살 것 없잖아요.

· Don't be up- tight.

· 生活得轻松一点。

잠자코 있어요.

· Keep still, O. K.?

· 你保持沉默，好吗?

심각하게 열 올릴 것 없어.

· Be cool.

· 别太生气了。

빙빙 둘러대지만 말고 결론을 말하세요.

· Skip the details and give me the bottom line.

· 直接说结论吧。

어떠한 경우라도 반드시 내게 알려 주세요.

· In any case, be sure to let me know.

· 不管怎样，一定告诉我。

네게 무슨 일이 있었는지 그대로 내게 말해봐.

· Tell me word for word what happened to you.

· 你出了什么事，全部告诉我吧。

仔细[zǐxì] : 자세하다, 세심하다

轻松[qīngsōng] : 수월하다, 편안하다

保持[bǎochí] : (원래 상태를) 유지하다

沉默[chénmò] : 과묵하다, 침묵하다

直接[zhíjiē] : 직접적인

结论[jiélùn] : 결론, 귀결

冒险[màoxiǎn] : 모험하다, 위험을 무릅쓰다

收音机[shōuyīnjī] : 라디오

查[chá] : 찾다, 뒤져보다

让开[ràngkāi] : 길을 내주다

선수를 치세요.

· Catch the ball before the bound.

· 你先做吧。

모험을 하세요.

· Take a chance.

· 请冒一下险吧。

일찍 자고 일찍 일어나는 게 좋아요.

· You'd better keep early hours.

· 早睡早起很好。

일찍 일어나라.

· Get up with the chickens.

· 早一点起床吧!

라디오 소리 좀 크게 하세요.

· Please turn the radio up. It's too low.

· 把收音机的声音开大一点。

사전을 찾아보세요.

· Look it up in the dictionary.

· 查词典吧。

길 좀 비켜요.

· Get out of my way!

· 让一下。

길을 비켜라!

· Clear the way!

· 让开一下。

불을 켠 채 떠나지 마라.

· Don't leave the light on.

· 走的时候别忘了关灯。

너는 어머니의 말씀을 따라야 한다.

· You have to go by what your mother says.

· 你应该听好妈妈的话。

부모한테 말대꾸하지 마라.

· Don't talk back to your parents.

· 不要跟父母顶嘴。

바로 요점을 말하세요.

· Get right down to business.

· 直接说要点吧。

너는 진지해야 한다.

· You should keep a straight face.

· 你应该真诚。

당신이 좋아하는 것을 하세요.

· Do your stuff.

· 你想做什么就做什么。

지금 곧 일에 착수하세요.

· Get down to your work straight away.

· 你要马上动手。

지금 곧 결심해 주세요.

· Please make up your mind on the spot.

· 你要立刻下决心。

关灯[guāndēng] : 불을 끄다

顶嘴[dǐngzuǐ] : 말대답하다, 말대꾸하다

真诚[zhēnchéng] : 진실하다, 참되다

动手[dòngshǒu] : 착수하다, (~하기) 시작하다

立刻[lìkè] : 즉시, 당장

怪样[guàiyàng] : 우스꽝스러운 태도, 모습

痛苦[tòngkǔ] : 고통스럽다

后悔[hòuhuǐ] : 후회하다

怀疑[huáiyí] : 의심하다

形势[xíngshì] : 형세, 지세, 발전상황

打仗[dǎzhàng] : 전쟁하다

考虑[kǎolǜ] : 고려하다

추태를 부리지 말고 조용히 해라.

· Don't carry on and be quiet.

· 别做怪样，安静一下。

더 크게 소리치세요! 그녀는 들을 수 있는 거리에 있어요.

· Shout louder! She is within earshot.

· 大声喊! 她才能听见。

날 괴롭히지 말아요. 그렇지 않으면 후회할 거예요.

· Don't mess with me, or you'll be sorry.

· 不要让痛苦，不然一定会后悔的。

잊어버리세요. 그만두세요.

· Forget it!

· 忘掉吧。算了吧!

회의론자가 되지 마세요.

· Don't be skeptical.

· 不要成为怀疑论者。

형세를 먼저 살피고 하세요.

· See how the land lies.

· 先观察形势后再做吧!

이제 싸움을 그만 하시지요.

· Let's smoke a peace-pipe.

· 不要再打仗吧!

그의 말을 액면 그대로 받아들이지 마세요.

· Don't take what he says as face value!

· 请别认真考虑他的话。

자동차를 조심하세요.

· Watch out for the cars!

· 小心汽车。

그것을 너무 심각하게 받아들이지 마세요.

· Don't take it to heart.

· 那个事别放在心上。

입장을 바꾸어보면, 그것이 어떤 것인지 알게 될 거예요.

· If you turn the table around, you will see what it is like.

· 反过来说的话，才能知道那个是什么。

반대쪽 처지를 생각해보면, 그것이 무슨 뜻인지 알게 될 거야.

· If you look at the other side of the coin, you will see what it means.

· 反过来想的话，才能知道那个是什么意思。

양다리를 걸칠 수는 없어요.

· You can not have it both ways.

· 我不能骑墙。

대학시절의 경험을 살려서 판단하세요.

· Make a judgement based on your life in college.

· 根据大学生活的经验来判断一下。

그는 나에게 많은 충고를 해 주었어요.

· He gave me many pieces of advice.

· 他给了我许多忠告。

反过来[fǎnguòlái] : 역으로 하다

骑墙[qíqiáng] : 애매한 태도를 취하다, 양다리를 걸치다

根据[gēnjù] : ~에 근거하다

判断[pànduàn] : 판단하다

忠告[zhōnggào] : 충고하다

必须[bìxū] : 반드시, 꼭

停止[tíngzhǐ] : 정지하다, 중지하다

全力以赴[quánlìyǐfù] : 모든 힘을 쏟다, 온 힘을 다 기울이다

尴尬[gāngà] : (입장 등이) 난처하다, 곤란하다

相处[xiāngchǔ] : 함께 지내다

이 일은 비밀을 요합니다.

· This must be kept secret.

· 这件事，必须保密。

그 사람과 사귀지 마세요.

· Don't associate with him.

· 不要跟他交朋友。

자전거 타는 아이들에 주의하세요.

· Look out for the children on bicycles.

· 请注意那些骑自行车的孩子们。

그것을 중지하도록 하세요.

· You'd better put a stop to it.

· 你最好停止做那个。

최선을 다 해라.

· Be all you can be.

· 你得全力以赴去做。

포기하다니, 부끄럽지 않니?

· Shame on you for give up!

· 放弃了，不尴尬吗?

그래 세월이 걸리겠지.

· I know it takes time.

· 可能需要很长时间吧!

그들과 화해하는 것은 어려울걸요.

· It will be hard to come to terms with them.

· 跟他们和平相处不容易啊。

일단 요령만 터득하면 그 일은 하나도 어렵지 않아요.

· You won't find the work difficult, one you get your hand in.

· 一旦学会了方法，那件事做起来容易。

규칙대로 하는 것이 좋을 겁니다.

· You'd better go by the book.

· 按照规矩做的话，会好的。

남이야 뭘 하든 상관 않는 것이 좋을 겁니다.

· Don't poke your nose into my business.

· 不管别人做什么，不理就行了。

제발 욕 좀 그만하세요.

· Won't you stop cursing all the time?

· 千万不要骂人。

사람은 겉보기로는 알 수 없어요.

· You can't always go by looks.

· 知人知面不知心

알아두세요!

· I'll have you know!

· 我要让你知道。

책임을 나에게 전가하지 마세요.

· Don't pass the buck to me.

· 不要把这个责任推到我身上。

옆집에 사는 사람이 충고를 해 주더군요.

· The man next door gave me a piece of his mind.

· 邻居给我一句忠告。

一旦[yīdàn] : 잠시, 일단

按照[ànzhào] : ~에 따라

理[lǐ] : 상대하다, 관심을 가지다

知人知面, 不知心 [zhīrénzhīmiàn, bùzhīxīn] : 사람을 알고, 얼굴도 알지만 그 마음은 모른다

责任[zérèn] : 책임

推[tuī] : 미루다, 회피하다, 전가하다

邻居[línjū] : 이웃, 이웃집

危险[wēixiǎn] : 위험하다

沉溺[chénnì] : 빠지다, 몰두하다

白手起家[báishǒuqǐjiā] : 자수성가하다

期望[qīwàng] : 기대하다, 희망하다

误会[wùhuì] : 오해하다

戒烟[jièyān] : 금연하다

그 사람을 너무 믿지 마세요. 위험 부담률이 높은 사람이에요.

· Don't rely on me too much, for he is a poor risk.

· 他是个危险人物，不要太相信他。

계획을 잘 실행하면 성공할 겁니다.

· We'll succeed if we play cards right.

· 计划实行得好的话就会成功的。

취미에 너무 몰두하지 마세요.

· Try not to go to extremes over hobbies.

· 不要沉溺于兴趣中。

자수성가 하셔야죠.

· Stand on your own bottom.

· 你应该白手起家。

그건 지나친 기대에요.

· That's asking too much. It takes time, you know.

· 你的期望得太大了。

오해하지는 마세요.

· Don't get me wrong.

· 不要误会。

말보다는 행동이 중요해요.

· Action speaks louder than words.

· 行动比说话更重要的。

담배를 끊으셔야 해요.

· You've got to give up smoking.

· 你应该戒烟。

그에게 너무 까다롭게 하지 마세요.

· Go easy on him. He's still a child.

· 不要对他要求太严格。他还是个孩子。

당신은 지금 위험한 길을 가고 있어

· You're walking on thin ice.

· 你在走一条危险的路。

무슨 일이든 당신 척도로만 보지 말아요.

· Don't see things just by your own measure.

· 对什么事情都不要有偏见。

일부러 그런 짓은 하지 마세요.

· Don't go and do a thing like that.

· 不要故意那样做。

당신은 그 생각을 버려야 해요.

· You must give up the idea.

· 你应该放弃那个办法。

나한테 쓸데없는 칭찬을 하지 마세요.

· No sot soap for me.

· 别拍我马屁。

그에게 원하는 것을 주고 그와는 관계를 끊어라.

· Give him what he wants and be done with him.

· 答应他的要求后，跟他断绝关系吧!

추켜올려서 버릇없는 아이로 만들지 마세요.

· Don't spoil a child by praise.

· 别太夸奖孩子，对孩子教育不好。

偏见[piānjiàn] : 편견

故意[gùyì] : 고의로, 일부러

马屁[mǎpì] : 아부하다, 아첨하다

断绝[duànjué] : (연락, 왕래를) 단절하다, 끊다

夸奖[kuājiǎng] : 칭찬하다

集中[jízhōng] : 모으다, 집중하다

多嘴[duōzuǐ] : 쓸데없는 말을 하다, 참견하다

苯[bèn] : 어리석다, 멍청하다

吸烟[xīyān] : 담배를 피우다

도중에 말이 막히거든, 적당히 이어 나가세요.

· If you get stuck, just ad-lib.

· 说不出来时，慢慢来吧。

수상하게 생각하지 않도록 2층에 올라가세요.

· Go upstairs before she smells a rat.

· 为了不引起怀疑，到二楼上去吧。

어째서 당신의 지식을 활용치 않지요?

· Why don't you put your knowledge to good use?

· 怎么不利用你的知识呢?

제발 언성을 높이지 마세요.

· Don't raise your voice, please.

· 千万不要声音太大。

왜 한 눈 팔고 있어요?

· You have hundred lines.

· 为什么不集中看呢?

참견하고 싶지는 않지만, 너는 너무 우둔하단 말야.

· I don't mean to be noisy, but you've been too stupid.

· 我不想多嘴，但你也太苯呢。

때로는 네가 저지른 실수에 대해 댓가를 치러야 할거야.

· Sometimes can you have to pay for your mistakes.

· 有时对你做错的付出代价。

담배는 당신의 건강을 심히 손상시킬 수 있어요.

· Cigarettes can seriously damage your health.

· 吸烟有害你的健康。

무엇보다도 그녀에게 말 할 때는 각별히 주의하세요.

· Above all, be careful of what you say to her.

· 最好跟她说话时要慎重。

너무 굽실거리지 마세요.

· Don't sing small.

· 不要点头哈腰。

파티에서 술을 너무 많이 마시지 말아야 합니다.

· You must refrain from drinking too much at the party.

· 在宴会上不要喝太多酒。

일기를 쓰기 위해서라면 반드시 훌륭한 작가가 될 필요는 없습니다.

· You don't need to be a good writer to keep a diary.

· 为了写好日记，不用成为有名的作家

조심해. 그 여잔 밑도 끝도 없는 이야기로 자네를 지루하게 만들테니까.

· Be careful. she'll talk your head off.

· 小心。那个女人让你无聊得很。

젊은 사람들은 안일한 유혹에 빠지기 쉬워요.

· Youths are prone to easy temptations.

· 年轻人很容易被安逸诱惑。

오는 말이 고와야 가는 말이 곱지요.

· You scratch my back and I'll scratch yours.

· 你不说他头秃,他不说你眼瞎

당신은 그것을 잘 이용해야 해요.

· You should take advantage of it.

· 你应该好好利用那个。

慎重[shènzhòng] : 조심하다, 신중하다

点头哈腰[diǎntóuhāyāo] : 굽실거리다

宴会[yànhuì] : 연회

无聊[wúliáo] : 무료하다, 지루하다

安逸[ānyì] : 편안하고 한가롭다

诱惑[yòuhuò] : 유혹하다

逛街[guàngjiē] : 거리 구경을 하다

靠近[kàojìn] : 가깝다

过分了[guòfèn] : 지나치다, 과분하다

움직이지 마라! 꼼짝하지 마라!

· Stay like that. Don't move! Freeze!

· 不许动!

거기서 멈춰!

· Hold it right there!

· 停在那儿。

돈을 낭비하고 다니지 마라!

· Don't throw your money around!

· 逛街别乱花钱。

아이들이 불 가까이 가지 못하게 하세요.

· You must keep children away from fire.

· 别让孩子们靠近火。

이 편지를 잘 간수하시오.

· Hang on to this letter.

· 把这封信保管好。

좋은 방법이 아닌데.

· That's not a smart move.

· 那不是个好的方法。

지나쳐.

· That's going too far.

· 太过分了。

내 말 오해마.

· Don't get me wrong.

· 别误会我的话。

이미 끝난 일, 전전긍긍해 봤자야.

· It's no use worrying about the past.

· 已经过去的事，担心什么。

너무 흥분 하지마.

· Don't get so carried away.

· 别激动。

担心[dānxīn] : 걱정하다, 근심하다

激动[jīdòng] : 흥분하다, 감동하다

Part 11. 부탁의 표현

· 既疑人，不托人既托人，不疑人。
남을 의심하면 그에게 부탁을 하지 말고, 남에게 부탁을 했으면 그를 의심하지 마라.

여러 상황 표현

借钱[jièqián] : (돈을) 빌리다

拜托[bàituō] : 부탁하다

돈을 좀 빌릴 수 있을까요?

· May I borrow some money?

· 可不可以借点儿钱?

그러고 싶지만 돈이 다 떨어졌습니다. 다음에 언제 기회가 있겠죠.

· We'd love to, but we're broke. Maybe some other time.

· 不好意思钱不够，下次吧!

제 부탁 하나 들어주시겠습니까?

· Would you do me a favor?

· 可不可以帮一个忙?

제 부탁 한 가지 들어주시겠어요?

· I wonder if you can do me a favor?

· 可不可以拜托你一件事?

插[chā] : 끼우다, 참견하다, 끼어들다

부탁 좀 들어 주실래요?

· May I ask a favor of you?

· 可不可以拜托你一件事?

네, 기꺼이

· Sure, if I can. / Certainly, I'd be happy to.

· 好的，没问题。

그것이 뭐냐에 달려있죠.

· It depends on what it is.

· 那个是什么来决定的。

내가 할 수 있는 일이라면 얼마든지 도와드리죠, 뭔데요?

· Sure, if I can. What is it?

· 如果我能做到，可以帮你的忙。什么事?

질문을 하나 해도 될까요?

· May I ask you a question?

· 可以提个问题吗?

제가 좀 끼어도 될까요?

· May I join you?

· 我可以插一句吗?

그렇게 하세요.

· Be my guest.

· 可以呀!

저 좀 도와주시겠어요?

· Would you give me a hand?

· 可以帮助我吗?

帮助[bāngzhù] : 돕다, 도와주다

零钱[língqián] : 잔돈

폐를 끼쳐 죄송합니다만 도와 주셔야겠습니다.

· I'm sorry to have troubled you, but I need your help.

· 很抱歉麻烦你了。可以帮助我吗?

저를 도와주실 수 있나 모르겠네요.

· I wonder if you can help me.

· 是不是可以帮助我?

30불짜리 지폐 좀 바꿔 주시겠어요?

· Can you change a thirty dollar bill?

· 可以换30美元的零钱吗?

1불짜리 거스름 돈 있으세요?

· Do you have change for a dollar?

· 有没有1美元零钱?

돈을 어떻게 바꿔 드릴까요?

· How do you want it?

· 怎么找零钱呢?

5불짜리 한 장하고 1불짜리 1개, 25전짜리 2개, 10전짜리 4개, 5전짜리 1개, 1전짜리 5개로 바꿔주세요.

· I'd like three five, four singles, two quarters, four dimes, one nickle and five pennies.

· 找给我一张5美元，一张1美元，两张0.25美元，四张0.1美元，一张0.05美元，五张0.01美元。

불 좀 빌려 주시겠어요?

· May I trouble you for a light?

· 可不可以借火?

잠깐 시간 좀 내 주시겠어요?

· Could you spare me a few minutes?

· 可以抽点儿时间吗?

문 좀 열어 주시겠어요?

· Would you mind opening the door, please?

· 可以给我打开门吗?

물론이죠.

· Of course not.(Certainly not.)

· 好的!

뭐라고 하셨죠?

· I beg your pardon?

· 刚才说了什么?

말씀 중에 대단히 죄송합니다.

· Forgive me for interrupting.

· 抱歉打扰你们谈话。

댁의 도움에 의지할 수 있을까요?

· Can I count on your help?

· 能帮我忙吗?

좀 도와주시겠어요?

· Can you give me a hand?

· 可以帮个忙吗?

조언 좀 부탁합니다.

· Give me some feedback, please.

· 希望你给予指教。

抽[chōu] : (시간, 틈을) 내다

打扰[dǎrǎo] : 방해하다, 지장을 주다

给予[jǐyú] : 주다, 베풀다

指教[zhǐjiào] : 가르침, 지도

为难[wéinán] : 난감하다, 난처하다

修改[xiūgǎi] : 바로잡다, 고치다, 수정하다

이 방에서 담배를 피워도 괜찮아요?

· Do you mind my smoking in this room?

· 可以在这个房间里吸烟吗?

여기서 담배를 피워도 될까요?

· Do you mind if I smoke here?

· 可以在这儿吸烟吗?

저와 함께 가실래요?

· Would you like to join me?

· 可以跟我一起走吗?

방해가 되지 않을지 모르겠군요.

· I hope I'm not in the way.

· 是不是麻烦你?

방해가 되지 않겠습니까?

· I hope I'm not disturbing you.

· 不麻烦吗?

제발 나를 못살게 굴지 말아요.

· Don't give me a hard time, please.

· 千万不要让我为难。

가족에 대한 얘기 좀 해 주시겠어요?

· Would you tell me something about your family?

· 介绍一下你的家人好吗?

제가 쓴 영어작문 좀 교정해 주시겠어요?

· Will you correct my English composition?

· 可以给我修改英文作文吗?

주소 좀 가르쳐 주시겠어요?

· May I have your address?

· 可以告诉我你的地址吗?

일어난 김에 물 한 컵 갖다 주시겠어요?

· While you are up, will you get me a glass of water?

· 你起来顺便给我一杯水好吗?

춤 한 번 추실까요?

· May I have this dance?

· 可不可以跟我跳舞?

제 가방 좀 봐 주시겠어요?

· Can you keep an eye on my bag?

· 可以给我看一眼我的书包好吗?

제 자리 좀 봐 주시겠어요?

· Can you save my place? / Would you mind keeping an eye on my seat?

· 可以给我看一下我的座位好吗?

이것을 좀 들고 있어 주세요?

· Would you hold this for me, please?

· 可以帮我拿着这个吗?

길 좀 비켜 주세요.

· Make way for me, please.

· 请让一下。

地址[dìzhǐ] : 주소

顺便[shùnbiàn] : ~하는 김에

跳舞[tiàowǔ] : 춤을 추다

操作[cāozuò] : 조작하다, 다루다

打字[dǎzì] : 타이프하다

그 요령을 가르쳐 주시겠어요?

· Will you show me the ropes?

· 可以教我那个方法吗?

이 기계의 조작법을 좀 가르쳐 주세요?

· Please show me how to handle this machine.

· 可以教我怎样操作这个机器吗?

뭐, 그 정도쯤이야.

· It's no big deal.

· 没问题。

애매할 때 부탁하는군요.

· You asked me at a bad time.

· 不好做的时候问我。

나에게 연락해 주세요.

· Will you keep in touch with me?

· 跟我联系吧。

내일은 쉬고 싶습니다.

· I would you like to vacate tomorrow.

· 明天我要休息。

이것을 타이프 쳐 주세요.

· Please get this typed.

· 请给我打这些字。

이것을 한국말 타이프해 주세요?

· Will you have this typed in Korean?

· 请给我打韩语字。

얘기 계속해 주시죠.

· Please go on with your story.

· 请接着讲。

저와 함께 사진을 찍어 주시겠어요?

· Would you stand with me to have a picture taken?

· 可不可以跟我照合影?

가능한 한 빨리 저에게 알려 주시겠습니까?

· Would you let me know as soon as possible?

· 抓紧时间告诉我好吗?

방을 정돈해 주세요.

· Will you put the room in order?

· 请整理一下房间。

전할 말씀을 종이에 써 주시겠어요?

· Will you put down the message on a paper?

· 你能写纸条告诉我好吗?

차 좀 태워 주시겠어요?

· Would you give me a lift?

· 可以上你的车吗?

어디서 내려 드릴까요?

· Where shall I drop you off?

· 你在哪儿下车?

가게 앞에 내려 주시겠어요?

· Could you drop me off in front of the store?

· 在商店前停车好吗?

合影[héyǐng] : 단체 사진

抓紧[zhuājǐn] : 꼭 잡다, 다그치다

整理[zhěnglǐ] : 정리하다

橡皮膏[xiàngpígāo] : 반창고

雨伞[yǔsǎn] : 우산

집까지 태워다 주시겠어요?

· Could you give me a lift home?

· 把我送到家好吗?

내일 제가 당신의 차를 써도 될까요?

· Do you think I could use your car tomorrow?

· 明天可以用你的车吗?

글쎄요. 8시까지만 돌려주신다면 좋아요.

· Well, now, you can have it as long as you bring it back by 8 o'clock.

· 八点之前还给我的话，可以。

도착 즉시 연락하세요.

· Get in touch with me as soon as you arrive.

· 到了就跟我联系一下。

손가락에 반창고 좀 붙여 주시겠어요?

· Would you put a bandage on my finger?

· 可以帮我把橡皮膏贴在手指上吗?

우산 좀 같이 쓸 수 있나요?

· Will you let me share your umbrella?

· 可以合打一把雨伞吗?

잠깐 제 대신 좀 해 주시겠어요?

· Can you take my place for a while?

· 可以代我做件事吗?

혼자 있게 해 주세요, 제발 저 좀 내버려두세요.

· Please leave me alone.

· 我想单独呆一会儿。

오케스트라 공연에 저와 함께 가시겠습니까?

· Would you like to go with me to hear the orchestra?

· 可以跟我一起去参观演奏团吗?

그는 괴로와 하고 있어요. 기운을 내게 해 주세요.

· He has been let down. Cheer him up.

· 他现在很难过，去安慰他好吗?

제발 나를 또 실망시키지 말아 주세요.

· Please don't let me down again.

· 千万不让我失望。

수고스럽지만 내가 없는 동안 내 아이를 돌봐 주세요.

· Be a deer and take care of my child while I am not here.

· 麻烦你我不在的时候，请多照顾我孩子。

신분증명서 좀 보여 주실까요?

· Can I see your ID card?

· 请让我看一下你的身份证。

당신의 직업에 대해 좀 더 자세하게 예기해 주시겠어요?

· Would you tell me about your job in more detail?

· 请给我详细介绍一下你的工作。

그분이 어떤 분인지 말 좀 해 주세요.

· Can you tell me what he is like?

· 请告诉我他是什么人。

单独[dāndú] : 단독으로, 홀로

参观[cānguān] : 참관하다

演奏团[yǎnzòutuán] : 연주단

安慰[ānwèi] : 위로하다

照顾[zhàogù] : 고려하다, 돌보다, 보살피다

身份证[shēnfènzhèng] : 신분증

详细[xiángxì] : 상세하다, 자세하다

捐赠[juānzèng] : 기증하다, 기부하다

特意[tèyì] : 특별히, 일부러

제발 그에게 가도록 말 좀 해 주세요.

· Please get him to leave.

· 请代我告诉他让我去找他

다음 금요일에 아이를 돌 봐 주실 수 있으세요?

· Could you baby-sit for us next Friday?

· 下星期五可以照顾孩子吗?

오늘 저녁에 한 시간 쯤 시간 내어 주시겠어요?

· Will you spare me one hour this evening?

· 今晚能抽出一个小时给我吗?

제 곁에 있어 주세요.

· Stick with me, please.

· 待在我身边好吗?

기부 좀 해 주십시오.

· Would you care to make a donation?

· 希望您捐赠。

아무한테나 말하지 않는다고 약속해 줘요.

· Give me your word that you won't tell anyone.

· 约好不对任何人说起。

일부러 그럴 실 필요는 없습니다.

· Please don't go to any trouble.

· 没必要特意那样。

다음 기회로 미룰 수 있을까요?

· Can you give me a rain check on that?

· 下次有机会谈好吗?

이것을 한 번 훑어봐 주시겠어요?

· Could you just look over this?

· 能帮我看一下这个吗?

기회를 주세요.

· Give me a break.

· 给我一次机会。

확인 좀 해 주세요.

· Please make sure.

· 请给我确认一下。

네?

· Pardon?

· 什么?

뭐라고 하셨죠?

· What was that?

· 你刚才说什么?

죄송합니다만 말씀을 잘 못들었어요.

· Excuse me? I didn't hear what you said.
I'm sorry, But I didn't catch what you said.

· 对不起，我没听清楚你说什么?

도와드릴까요?

· Do you want me to help you?
Do you need any help?
Is there anything I can do?

· 需要帮忙吗?

机会[jīhuì] : 기회

确认[quèrèn] : 확인하다, 확실하게 인정하다

亲切[qīnqiè] : 친절하다, 친밀하다

出租车[chūzūchē] : 택시

辛苦[xīnkǔ] : 수고스럽다, 고생스럽다

괜찮으시다면, 손 좀 빌렸으면 좋겠어요.

· If you wouldn't mind, I could use a hand.

· 如果可以的话，请帮我一下。

그리 폐가 안된다면 도움이 좀 필요해요.

· If it's not too much trouble, I would like some help.

· 如果不打扰的话，我需要一点帮助。

무척 친절하시군요. 도움이 좀 필요할 것 같아요.

· That's very nice of you, I guess I could use some help.

· 你非常亲切，我需要一点帮助。

정말 바쁘지 않으시다면, 좀 도움이 필요한데요.

· If you're sure you are not in a hurry, I can use a little help.

· 你真的不忙的话，我需要一点帮助。

택시를 잡아 드릴까요?

· Would you like me to get you a cab?

· 我帮你叫一辆出租车吗?

도와드릴 일이 뭔지 말씀만 하십시오.

· Just tell me what you'd like me to do.

· 告诉我，你想让我帮你什么?

원, 수고라뇨. 이 가방을 들어드리죠.

· It's no trouble at all. I'll carry this suitcase for you.

· 辛苦什么，我帮你拿这个包。

Part 12. 의견묻기의 표현

· Although the world is full of suffering, it is full also of the overcoming of it.
세상은 고통으로 가득하지만 한편 그것을 이겨내는 일로도 가득차 있다.

여러 상황 표현

이걸 어떻게 하면 될까요?

· What should I do with this?

· 这个该怎么做呢?

이것을 어떻다고 생각하세요?

· What do you think about this?

· 你对这个怎么想?

나의 새 프로그램을 어떻게 생각하세요?

· What do you think of my new program?

· 对我开发的程序表?

새로 산 내 차는 또 어떤 것 같아요?

· How about my new car?

· 我的新车怎么样?

该[gāi] : 마땅히 ~해야 한다

程序表 [chéngxùbiǎo] : 일정표

事项[shìxiàng] : 사항

새 직업은 마음에 드세요?

· How do you like your new job?

· 你觉得你的新工作怎么样?

그게 무슨 말이죠?

· What do you mean by that?

· 你那是什么意思?

무슨 말을 하려는 거죠?

· What would you like to say? /What are you getting at?

· 你想说什么?

당신이 만일 내 처지라면 어떻게 하겠는가?

· What would you do if you were in my place?

· 如果你在我的立场上，你会怎么做?

내게 설명 좀 해 주시겠어요?

· Can you fill me in?

· 你能给我说明一下吗?

이런 사항에 대해 설명이 필요합니다.

· I need some feedback on this situation.

· 对这种事项需要一些说明。

뭐라구요?

· Pardon me? /Excuse me?

· 你在说什么?

그게 사실인가요?

· Is it true? Is that right?

· 那是真的吗?

그게 그런 건가요?

· Is that so?

· 真是那样吗?

꼭 그렇지는 않아요.

· Not really.

· 不一定那样。

그게 그 사고의 전부입니다.

· That's all about the accident.

· 它是那事故的全部过程。

제가 한 말씀 드리겠습니다.

· Let me tell you something.

· 请让我说一句。

제 말 좀 들어보세요.

· Please listen to me.

· 请听我说。

잠시 한 말 하겠어요.

· I'll give a short talk.

· 听我说一句。

좋아요. 그럼 이렇게 하죠.

· O.K. I'll tell you what.

· 好的，那么做吧。

그게 전부입니다. 바로 그겁니다.

· That's it.

· 这是全部，就是这个。

事故[shìgù] : 사고

过程[guòchéng] : 과정, 경로

抽烟[chōuyān] : 담배를 피우다

印象[yìnxiàng] : 인상

到底[dàodǐ] : 도대체, 대체

정말 모르겠는데요.

· I don't have the slightest idea.

· 我真的不知道。

제가 담배한대 피워도 괜찮겠습니까?

· Would you mind if I smoke?

· 可以一支抽烟吗?

예, 그렇게 하세요.

· No, go right ahead.

· 好的，那样做吧。

창문을 열어도 괜찮겠어요?

· Would you mind opening the window?

· 可以打开窗户吗?

그에게서 어떤 인상을 받았습니까?

· What impression did you get from him?

· 你对他的印象如何?

그게 어때서 그렇습니까?

· What's wrong with it?/What's the matter with it?

· 它怎么了?

혹시 그가 어디 사시는지 아십니까?

· Do you happen to know where he lives?

· 你知道他住在哪儿吗?

도대체 그것들이 무엇이죠?

· Whatever are they?

· 到底它们是什么?

얼마나 오래 걸렸습니까?

· How long did it last?

· 用了多长时间?

얼마나 있으면 끝날까요?

· How soon will it be over?

· 什么时候能结束?

몸무게가 얼마나 나가세요?

· How much do you weigh?

· 你的体重多少?

결국 당신은 내가 몸무게를 줄여야 한다는 겁니까?

· You mean I've got to loss weigh?

· 你的意思是我该减肥了?

그녀가 언제쯤 돌아올 것 같아요?

· When do you expect her back?

· 她什么时候才能回来呢?

자, 이제 어떡하면 되겠습니까?

· Now, what can I going to do?

· 好，现在该怎么办?

약속을 취소해도 될까요?

· Can I call off the appointment?

· 取消预约可以吗?

무엇을 불평하고 계십니까?

· What are you complaining about?

· 你抱怨什么?

结束[jiéshù] : 끝내다, 종결하다

体重[tǐzhòng] : 체중, 몸무게

减肥[jiǎnféi] : 체중을 줄이다, 다이어트하다

取消[qǔxiāo] : 취소하다

抱怨[bàoyuàn] : 불평하다, 탓하다

共同点
[gòngtóngdiǎn] : 공통점

잠깐 좀 이야기 할 수 있을까요?

· You got a minute?

· 能不能给我一点时间谈谈?

잠깐 좀 볼 수 있을까요?

· May I see for a moment?

· 可以见个面吗?

단도직입적으로 질문을 해도 괜찮겠습니까?

· Do you mind if I ask you some point-blank question?

· 直接了当问你一些问题可以吗?

언제 그것을 해놓을까요?

· When do you want me to do?

· 什么时候做好它呢?

제가 무엇을 했으면 합니까?

· What do you want me to do?

· 你想要我做什么?

공통점이 뭔가요?

· What do you have in common?

· 共同点是什么?

끝났습니까?

· Are you through?

· 完了吗?

하려는 말이 뭐죠?

· What do you have in mind?

· 你想说什么?

어떻게 뾰족한 수가 없을까요?

· Isn't there any way out?

· 没有什么妙计吗?

지금 무얼하고 있어요?

· What are you up to?

· 现在干什么呢?

제때에 갈 수 있겠어요?

· Can you make it on time?

· 能准时去吗?

누가 그 얘기를 하던가요?

· Who told you about that?

· 谁告诉你的?

맹세합니까?

· Do you swear?

· 你能发誓吗?

신의 이름으로 맹세합니까?

· Do you swear in the name of God?

· 你能对天发誓吗?

이만하면 괜찮아 보입니까?

· Do I look all right?

· 你看这样可以吗?

담배를 많이 피우시나요?

· Are you a heavy smoker?

· 你抽烟抽得多吗?

妙计[miàojì] : 묘책, 모계

准时[zhǔnshí] : 시간에 맞다, 제시간(제때에)

发誓[fāshì] : 맹세하다

不对劲儿[búduìjìnr] : 잘 되어가지 않다, 적합하지 않다

告密[gàomì] : 밀고하다, 고해바치다

이건 어딘가 잘못되어 있는 것 같지 않아요?

· Isn't this topsy-turvy?

· 是不是哪看起来有点不对劲儿?

그것이 당신에게 유용합니까?

· Do you find it helpful?

· 那个对你有用吗?

제가 싫다고 하면 어떻게 되는 거죠?

· What if I say no?

· 如果我说不，会怎么样?

그 사람은 자기가 해야 할 일을 알고 있나요?

· Does he know what to do?

· 那个人知道自己该做的事吗?

그녀는 돈을 잘 안 내려고 하나요?

· Is she tight with her money?

· 她不愿意拿出钱吗?

어머님 말씀 들었지?

· You heard your mother, right?

· 你都听好妈妈的话吧。

나를 고자질 할 건가요?

· Are you going to tell on me?

· 你想告我的密吗?

정말 모른단 말이에요?

· You mean you don't know?

· 真的不知道吗?

제 작품이 마음에 드세요?

· Are you happy with my work?

· 对我的作品还满意吗?

이제 출발할 수 있나요?

· Are we ready to start?

· 现在可以出发吗?

제 말 알겠어요?

· Do you understand what I mean?

· 明白我的意思吗?

내가 한 말 알아들었나요?

· Do you get me? /Get it?

· 我的话你听明白吗?

의미가 통합니까?

· Does it make sense?

· 能沟通吗?

이제 알겠어요?

· You see it?

· 现在明白了吗?

그건 식은 죽 먹기에요?

· It's all peaches and cream.

· 那是干水捕鱼的事。

그 이야기를 들으니까 뭐가 떠오릅니까?

· What does the story remind you of?

· 听了这个故事让你想起什么?

满意[mǎnyì] : 만족하다, 흡족하다

明白[míngbai] : 분명하다, 알다

沟通[gōutōng] : 교류하다, 소통하다

干水捕鱼[gànshuǐbǔyú] : 식은죽 먹기

记号[jihao] : 기호

参[cān] : 참가하다

어때요, 이래도 하지 않으시겠어요?

· How does this sound?

· 怎么样，这样了还不做吗?

누가 댁의 의견 따위를 물었나요?

· Who asked for your two cents?

· 有谁问了你的意见吗?

특별한 기호라도 있나요?

· Do you prefer one to another?

· 有什么特别的记号吗?

당신은 어느 쪽 편입니까?

· Which side are you on?

· 你是哪边(方)的?

모르시겠어요?

· Do you give up?

· 不知道吗?

진정인가요, 아니면 농담인가요?

· Are you serious or joking?

· 你是说真的还是开玩笑?

한 몫 끼지 않으실래요?

· Won't you take part in the plot?

· 不想参一手吗?

그게 뭐가 그리 좋으세요?

· What's so good about it?

· 那个哪点那么好呢?

이만하면 1주일은 쓰겠어요?

· Will it last you at least a week?

· 这程度能用一周吗?

이게 정말 그럴까요?

· Can this be true?

· 这个真这样吗?

언제 어디서 그 패션쇼가 열립니까?

· When and where will the fashion show take place?

· 这时装表演，什么时候、在哪儿?

집이 뭐하는데 또 필요하지요?

· What do we need another house for?

· 为什么又需要房子?

그가 누구라고 생각하세요?

· Who do you think he is?

· 你认为他是谁?

혹시 그 여자가 누군지 아세요?

· Do you happen to know who she is?

· 你知道她是谁吗?

그게 확실한가요?

· Are you sure about that?

· 这是你肯定吗?

당신에게 무슨 비결이라도 있으세요?

· What is it about you?

· 你有什么秘诀吗?

程度[chéngdù] : 정도, 수준

时装表演[shízhuāngbiǎoyǎn] : 패션쇼

肯定[kěndìng] : 긍정하다

秘诀[mìjué] : 비결

装[zhuāng] : 집어넣다, 담다

钢笔水[gāngbǐshuǐ] : 잉크

搬家[bānjiā] : 이사하다

担任[dānrèn] : 맡다, 담당하다

角色[juésè] : 배역

이 펜은 어떻게 잉크를 넣지요?

· How do I refill this pen?

· 这笔怎么装钢笔水呢?

어제 당신이 말한 그 신사 말인가요?

· You mean the gentleman you spoke of yesterday?

· 是昨天你说的那位先生吗?

당장 사용해야 합니까?

· Do you have to use it right away?

· 必须立刻使用吗?

좋은 생각이 떠오르세요?

· Can you come up with an idea?

· 想到好办法了吗?

언제 새 집으로 이사해요?

· When are you moving into your new house?

· 什么时候搬到新家呢?

우리들 중 누가 더 예쁘다고 생각하세요?

· Which of us do you think is prettier?

· 你觉得在我们当中谁最漂亮?

그 여자를 보면 누가 생각납니까?

· Who does she remind you of?

· 看到她你会想起谁?

연극할 때 맡은 역이 뭐죠?

· What's your part in the play?

· 在剧里你担任的角色是什么?

어떻게 생각하세요?

· What do you say?

· 对这事怎么想?

목적지가 어디죠?

· What's your destination?

· 目的地是哪儿?

目的地[mùdìde] : 목적지

Part 13. 자기주장의 표현

· Who controls the past controls the future. Who controls the present controls the past.
과거를 지배하는 자가 마래를 지배하며 현재를 지배하는 자가 과거를 지배한다.

여러 상황 표현

总[zǒng] : 결국, 어쨌든

比[bǐ] : ~보다

确切[quèqiè] : 정확하다, 적당하다

아무거나 상관없습니다.

· It doesn't make any difference.
I have no preference.
It's all the same with me.
It makes no difference.
It doesn't matter.

· 哪个都没关系。

없는 것 보다는 낫지요.

· It's better than nothing.

· 总比没有的好啊。

그걸 뭐라고 꼬집어 말할 수는 없습니다.

· I can't pinpoint it. / I can't put my finger on it.

· 在这一点上不能确切的说出点什么。

추근거리지 마세요.

· Stop making pass at me.

· 不要缠着我。

생각해 보니, 지갑을 안 가져 왔군요.

· Come to think of it, I forgot to bring my wallet.

· 想一想，我没带钱包。

생각나는 게 있으세요?

· Does it ring a bell?

· 想起什么了吗?

그런 이름은 생각이 안 나는데요?

· The name doesn't ring a bell.

· 想不起这个名字。

그럴 생각은 추호도 없어요.

· I wouldn't dream of it.

· 没有一点儿那样的想法。

난 그것에 관해 얘기할 만큼 했어!

· I've done enough talking about it.!

· 对这件事我已经说足了。

더 이상은 참을 수가 없어요.

· I can't stand it anymore.

· 忍无可忍了。

저는 그가 의심스럽습니다.

· I'm very suspicious of him.

· 我怀疑他。

缠[chán] : (관계 등) 뒤얽히다, 뒤엉키다

钱包[qiánbāo] : 지갑

足[zú] : 족하다, 충분하다

忍无可忍[rěnwúkěrěn] : 참을려고 해도 참을 수가 없다

祈求[qíqiú] : 간구하다, 기원하다

上天保佑[shàngtiānbǎoyòu] : 하느님이 돕다

万一[wànyī] : 만일, 만약

存钱[cúnqián] : 저금하다

可能性[kěnéngxìng] : 가능성

행운을 빌겠습니다.

· I'll have my fingers crossed.

· 祈求上天保佑。

뭔지 뻔하죠, 뭐.

· I'll be I know what it is.

· 是什么，是再清楚不过的事情。

당신의 운명은 내 수중에 있어요.

· I have your fate in my hands.

· 你的命运在我的手中。

그거야 내 마음대로죠.

· That's my previlge.

· 那是我的自由了。

누구한테도 말한 적 없어요.

· I've never to talk him.

· 没有告诉过任何人。/ 没对任何人说起过。

만일의 경우를 위해 저축하고 있어요.

· I'm saving up for a rainy day.

· 为万一的事情准备我正在存钱呢。

가능성은 반반이에요.

· The chances are even.

· 可能性是一半。

전혀 모르겠어요.

· I could make nothing of it.

· 完全不知道。

그의 콧대를 꺾어 놓겠어요.

· I'll snap his nose off.

· 削削他的锐气。/ 我想屈服他。

이것은 내가 장담할 수 있는 사실입니다.

· This is a face to which I can speak.

· 这是我能保证的事实。

의심할 여지가 없어요.

· There's no room for doubt.

· 没有怀疑的余地。

제게는 승산이 있습니다.

· I have all the cards in my hands.

· 我稳操胜券。/ 我站稳胜利。

그는 자기의 행동이 위법이 아니라고 주장했어요.

· He said his action was in accordance with the law.

· 他认为自己的行为是不违法的。

난 단지 농담을 했을 뿐이에요.

· I was only fooling.

· 我只是开个玩笑而已。

나는 절대로 그녀를 신용하지 않아요.

· I wouldn't trust her as far as I could throw her.

· 我决不信任她。

그 아버지에 그 아들이군요.

· Like father like son.

· 有其父必有其子。

削[xiāo] : 제거하다, 깎다

锐气[ruìqì] : 세찬기세

屈服[qūfú] : 굴복하다, 굴복시키다

保证[bǎozhèng] : 보증하다

余地[yúdì] : 여지

稳操胜券[wěncāoshèngquàn] : 승산이 있다, 가능성이 있다

站稳[zhànwěn] : 서다(어느 위치 또는 입장에) 굳건히

违法[wéifǎ] : 위법하다

而已[éryǐ] 다만 ~일 뿐이다

有其父, 心有其子。[yǒuqífǔ, xīnyǒuqízǐ] : 그 아버지에 그 아들

合拍[hépāi] : 손발이 맞다, 협조가 잘 되다

障碍物[zhàngàiwù] : 장애물

理由[lǐyóu] : 이유, 까닭

支付[zhīfù] : (돈을) 지불하다

帐单[zhàngdān] : 계산서, 명세서

窍门[qiàomén] : 묘안, 절묘한 방안

奇怪[qíguài] : 괴상하다, 이상하다

너희 둘은 손발이 맞지 않았어.

· You two were on different wave lengths.

· 你们俩不合拍。

장애물 때문에 지나갈 수가 없었어.

· I couldn't get by because of the obstacle.

· 因为障碍物所以没能通过。

나는 그녀에게 화낼 만한 이유가 있어요.

· I have a good reason to get angry with her.

· 我有理由生她的气。

내가 이 청구서의 돈을 낼 하등의 이유가 없어요.

· I have no reason to pay this bill.

· 我没有理由支付这张帐单。

요령을 배웠어요.

· I've got my hand it.

· 我学会了窍门儿。

말하지 않겠소.

· I'll take the fifth! /No comment!

· 不说了。

우리를 믿으세요.

· You can count on us.

· 请相信我们。

나는 괴짜가 되고 싶지 않아요.

· I don't want to be the only oddball.

· 我不想成为奇怪的人。

그는 친구를 따라잡기 위해 노력하고 있어요.

· He's trying to catch up with his friends.

· 他为了赶上自己的朋友而努力着。

나에게는 죽느냐 사느냐입니다.

· It's all or nothing with me.

· 对我来说是生死关头。

그녀는 뚜렷한 주관을 가지고 있어요.

· She knows her own mind.

· 她很有主观(见)。

됐어요. 제가 할 수 있어요.

· No, thank you. I can handle it.

· 好的。这个我可以做。

난 다른 사람의 조언에 의지하지 않고 이 일을 했습니다.

· I did this work independently of other people's ideas.

· 我没依靠别人指教就做了这工作。

나는 다른 누구보다도 내 자신에 더 많이 의존하고 있어요.

· I depend on myself more than anyone else.

· 比起别人我比较依赖自己。

나는 그의 성격을 잘 알고 있어요.

· I know his temper very well.

· 我比较了解他的性格。

나로서는 어떤 일을 중도에서 팽개칠 수 없어요.

· It's not my way to leave anything half done.

· 我做什么事决不能半途而废。

赶上[gǎnshàng] : 따라잡다

生死关头[shēngsǐguāntóu] : 삶과 죽음의 절박한 고비

主观[zhǔguān] : 주관적인

依靠[yīkào] : 의지하다, 기대다

依赖[yīlài] : 의지하다, 기대다

性格[xìnggé] : 성격

半途而废[bàntúérfèi] : (어떤 일을) 완성하지 않고 중도에 그만두다

等着瞧吧[děngzheqiáoba] : 어디 두고 보자!

毫无[háowú] : 조금도 ~없다, 털끝 만큼도 ~없다

尽力[jìnlì] : 온 힘을 다하다

达成[dáchéng] : (주로 상담 후, 어떤 결과에 이르다, 얻다

协议[xiéyì] : 협의, 합의

命中注定[mìngzhōngzhùdìng] : 운명으로 이미 결정되어 있다, 숙명적이다

背负[bēifù] : (등에) 짊어지다

永远[yǒngyuǎn] : 영원히, 언제까지나

継续[jìxù] : 계속하다

绝食[juéshí] : 절식하다, 단식하다

좋아요. 그렇다면 한 번 기다려 보겠어요.

· Well, then. I will wait and see.

· 好的，等着瞧吧。

그야 의심할 필요조차도 없지요.

· There's no question about it.

· 关于它毫无疑问。

그와 타협을 해 보도록 하겠어요.

· I'll try to make a deal with him.

· 我会尽力跟他达成协议。

나도 남들처럼 살아갈 수 있어요.

· I am keeping up with the Joneses.

· 我也能过得跟别人一样。

막중한 책임을 지고 평생을 살아갈 운명을 갖고 태어났나 봐요.

· I guess I was born to a life of great responsibility.

· 命中注定你得背负着重大的责任生活着。

나는 이제 영원히 돌아오지 않기로 작정했어요.

· I have a good mind to leave forever.

· 我决定现在起永远都不回来了。

그런 말을 해서는 안 된다는 것 정도는 알고 있어요.

· I know better than to say that.

· 我知道不该说那种话。

나는 내 의견이 받아들여질 때까지 단식투쟁을 계속할 겁니다.

· I'll continue my hunger strike until my idea accepted.

· 我会継续绝食，直到接受我的意见。

좌우간 한 번 해보겠습니다.

· I'll take a chance.

· 我来试一试。

저를 믿어 보세요. 뭔가 보여 드리겠어요.

· Believe me. I'll show you something.

· 相信我。不会让你失望了。

기회를 주세요. 제가 어떤 사람인가를 보여 드리죠.

· Give me a chance, I'll show you what I am like.

· 给我一次机会，你会看到我是一个怎样的人。

빨리 갑시다. 선착순이니까요.

· Let's hurry. It's first come, first served.

· 快走吧。是按先来后到的顺序。

어떻게 고치는지 전혀 모르겠는데요.

· I don't have the vaguest idea how to fix it.

I don't have the slightest(faintest)idea how to fix it.

· 完全不知道怎样修理它。

공부가 뒤져 있어요.

· I'm behind in my studies.

· 功课落后了。

몹시 싸다. /거저먹기다.

· That;'s a steal. /It's a bargain. /It's a good deal.

· 很便宜了 /白吃。

试[shì] : 시험하다, 시험삼아 ~해보다

先来后到[xiānláihòudào] : 선착순

顺序[shùnxù] : 순서, 차례

功课[gōngkè] : 수업, 학습, 공부

落后[luòhòu] : 뒤처지다

便宜[piányi] : (값이) 싸다

白吃[báichī] : 거저먹다, 공짜로 먹다

出事[chūshì] : 사고가 발생하다, 일이 생기다

意外[yìwài] : 의외이다, 뜻밖이다, 예상외다

무슨 일이 생겼습니다.

· Something came up.

· 出点事。有点事。

예기치 않았던 일이 생겨서 어제 저녁에 전화를 못 드렸습니다.

· Something unexpected came up last night so I couldn't call you.

· 昨晚因为出点意外，没给你打电话。

Part 14. 회의 및 모임의 표현

· One man who has a mind and knows it can always beat ten men who haven't and don't.
지성을 소유하고 또 그렇다는 것을 아는 사람은 그렇지 못한 열 사람에게 언제나 승리한다.

여러 상황 표현

자리에 앉아 주십시오.

· Please be seated.
Please have a seat.

· 请坐。

존 씨를 소개합니다.

· Please welcome, Mr. John Smith.

· 我欢迎约翰先生。/ 我洙介绍一下约翰先生。

모시게 되어 기쁩니다.

· We are happy to have you with us.

· 欢迎您光临。

이분께 큰 박수를 부탁드립니다.

· Let's give him a big hand.

· 给他热烈掌声。

光临[guānglín] : 왕림하다, 광림하다(손님이 오는 것을 공손하게 부르는 말)

热烈[rèliè] : 열렬하다, 뜨겁다

掌声[zhǎngshēng] : 박수소리

该[gāi] : 마땅히 ~가 해야 한다, ~의 차례다

举[jǔ] : 제시하다, (물건 등을) 들다

이번엔 누구 차례지요?

· Whose turn is it?

· 这次该谁呢?

다음은 당신차례입니다.

· You're on next.

· 下次该你了。

의견을 말씀해 주십시오.

· Please give us your opinion

· 请讲一下你的意见。

잠시 제게 주목해 주십시오.

· May I have attention for a while, please?

· 请大家注意一下。

제가 예를 하나 들어 보겠습니다.

· Let me take an example.

· 我给大家举个例子。

잠깐 동안 쉬도록 합시다.

· Let's take a coffee break.

· 休息一会儿。

나도 당신과 같은 의견입니다.

· I agree with you.

· 我的意见跟你一样。

나는 그 계획에 찬성합니다.

· I'm in favor of the plan.

· 我同意那个计划。

주제와 부합되는 말만 해 주십시오.

· Stick to the topic, please.

· 请讲符合主题的话。/ 请不要跑题。

그 회의에는 출입금지입니다.

· The meeting is off limit.

· 会议场所禁止出人。

오늘은 그만 끝냅시다.

· Let's call it a day.

· 今天到此为止。

개회를 선언합니다.

· Let the meeting be called to order.

· 宣布会议正式开始。

그걸 죽 돌려 나눠 갖도록 하세요.

· Pass them out, please.

· 把这个分发一下。

본론으로 들어갑시다.

· Let's get to the point.

· 进入主体吧。算弄主体吧。

화제를 바꾸지 마세요.

· Don't change the subject.

· 不要转移话题。

메모하세요.

· Take a note.

· 请记一下。/ 请记录。

符合[fúhé] : 부합하다, 일치하다

跑题[pǎotí] : (문장, 말 등이) 본제로부터 벗어나다

禁止[jìnzhǐ] : 금지하다

到此为止[dàocǐwéizhǐ] : 여기에서 그만두다

宣布[xuānbù] : 선포하다, 공표하다

分发[fēnfā] : (하나씩 하나씩) 나누어 주다

主体[zhǔtǐ] : 주체, 주요

转移[zhuǎnyí] : (위치를) 바꾸다, 옮기다

记录[jìlù] : 적다, 기록하다

清[qīng] : 깨끗이 하다

嗓子[sǎngzi] : 목, 목구멍

切中[qièzhòng] : (말이나 방법이) 적중하다, 정통으로 찌르다

要是[yàoshi] : 만약 ~라면

记错[jìcuò] : 잘못 기억하다

메모해 드리죠.

· Let me jot it down for you.

· 给你记录一下。

다음은 누구 차례지요?

· Whose turn's next?

· 下面该谁呢?

순서대로 얘기합시다.

· Let's speak in turn.

· 按顺序讲吧。

당신 차례입니다.

· It's your turn.

· 该你了。

그 사람은 목청을 가다듬었다.

· He cleared his throat.

· 他清了一下嗓子。

바로 요점만 말씀드리겠습니다.

· I'll get right to the point.

· 给大家切中要点的说明一下。

내 의견을 알리게 되어 기뻐요.

· I am very happy to give you my opinion.

· 非常高兴给大家说到我的意见。

내 기억으로는 그 여자가 미스 김일 겁니다.

· As I recall, she would be Miss Kim.

· 要是没记错那个女人应该是金女士。

그것밖에 아는 것이 없습니다.

· That's all I know about it.

· 只了解这些。

지금 생각나는 것은 그것밖에 없습니다.

· That's all I can think of at the moment.

· 现在想起来的只有这些。

또 뭐 알고 싶은 것 없습니까?

· What else do you want to know?

· 又想知道什么?

여기까지 다른 질문은 없습니까?

· Does anyone have any questions so far?

· 到这儿为止，还有什么疑问吗?

나는 말이 안 나왔어요.

· I was tongure-tied.

· 我说不出口。

나는 할 말을 잃었다.

· The cat got his tongue.

· 我无话可说了。

그러니까 생각나는군요.

· That reminds me.

· 这样一来提醒我了。

그것이 사실이라는 것을 알고 있어요.

· I know it is a fact.

· 我已经知道那是事实。

了解[liǎojiě] : 분명히 알다, 이해하다

疑问[yíwèn] : 의문

说不出[shuōbuchū] : 말을 꺼낼 수 없다, 말할 수 없다

无话可说[wúhuàkěshuō] : 할 이야기가 없다, 말할 것이 없다

提醒[tíxǐng] : 일깨우다, 깨우치다

角度[jiǎodù] : 각도, 관점

答非所问 [dáfēisuǒwèn] : 동문서답하다, 묻는 답이 엉뚱한 대답을 하다

理解[lǐjiě] : 이해하다

어떻게 그런 생각을 해냈죠?

· How did the idea strike you?

· 怎么想到的?

일리가 있는 말이군요.

· That makes sense to me.

· 这话有一定的道理。

입장을 바꿔 놓고 생각해보세요.

· Put yourself in my shoes.

· 换个角度想想。

당신은 딴청을 부리고 있군요.

· You're just talking out of the other side of your mouth!

· 你现在是答非所问(转移话题)。

그렇게 생각하는 것은 너무 안일해요.

· It is a little too optimistic to think so.

· 想得太顺利了。

제 이야기를 끝까지 들어주세요.

· Please hear me out!

· 请把我的话听完好吗?

제 말을 이해하시겠어요?

· Are you with me? /Do you follow me?

· 能理解我的话吗?

당신은 한마디를 빠뜨렸어요.

· You left out one word.

· 你落了一句。

제가 한 말 취소하겠어요.

· I will take back my words.

· 我取消我说的话。

그는 상대방이 건성으로 듣고 있는 것 같다고 생각했어요.

· He thought his visitor's attention was wandering.

· 他觉得对方只是在表面上在听他说话。

우리는 그 문제에 대해서 한바탕 입씨름을 벌였어요.

· We had very heated arguments over the issue.

· 我们在这个问题上进行了一场口舌之战。

맥주 한 잔 하면서 토의합시다.

· Let's discuss it over a beer.

· 一边喝啤酒一边讨论吧。

우리는 그 일로 다투었으나 곧 화해했어요.

· We quarreled over the case but soon made up.

· 虽然我们在这事上有过分歧，但很快化解了。

저로서는 해결하기 힘든 문제가 하나 있습니다.

· I have this hang-up that is hard for me to overcome.

· 我面临一个超出我能力之外的问题。

미안합니다만 그 말은 주제를 벗어난 이야기입니다.

· Excuse me, that's out of the topic.

· 对不起，说那样妄自尊大的话。

진실은 정곡을 찔렀어요.

· The truth struck home.

· 真实刺在关键中。

取消[qǔxiāo] : 효력을 잃다, 취소하다

口舌[kǒushé] : 변설, 말솜씨

分歧[fēnqí] : 불일치, 차이점

化解[huàjiě] : 풀다, 누그러지다

面临[miànlín] : 직면하다

妄自尊大[wàngzìzūndà] : 자신을 지나치게 과대평가하다, 마구 거만하게 행동하다

刺[cì] : 찌르다

关键[guānjiàn] : 관건, 키포인트, 정곡

丢脸[diūliǎn] : 체면을 잃다, 체면을 구기다

悄悄[qiāoqiāo] : 은밀하게, 살짝, 조용히

结束[jiéshù] : 끝나다, 마치다

여기는 대체 뭐가 문제라서 그런 거예요?

· What's the problem here?

· 这里的问题是什么?

그는 모임에서 체면을 잃었어요.

· He lost face at the meeting.

· 他在聚会上丢了脸。

그 여자는 뭔가를 작은 소리로 소곤 거렸다.

· She said something under her breath.

· 她小声的悄悄说些了。

7시까지는 회의를 끝냅시다.

· Let's get the meeting over by 7.

· 我们七点结束会议吧。

아침 휴식시간이 정해져 있나요?

· Is there any set time for the morning break?

· 早上有休息时间吗?

10분간 쉽시다.

· Let's take a break for ten minutes. / Let's take a ten-minute break.

· 休息十分钟。

휴식시간이 거의 되어가네요.

· It's getting near tea time.

· 吃茶点的时间快到了。

잠시 손을 놓고 커피를 드세요.

· Let up for a while and have some coffee.

· 先休息一会，喝点咖啡。

재청 있습니까?

· Are there any seconds?

· 有再赞成吗?

재청합니다.

· I second the motion.

· 我来再赞成。

그 동의안에 찬성하는 분은 '예'라고 대답하시오.

· All those in favor of the motion say aye.

· 赞成的回答-一声"好"。

동의안에 반대하는 분은 '아니오'라고 대답하시오.

· All those against the motion say nay.

· 反对的回答-一声"不"

우리는 대회규칙의 개정을 동의합니다.

· We motion that the convention rule be amended.

· 我们同意修订大会规章。

이사회는 그 제안을 부결시켰다.

· The board of directors turned down the proposal.

· 理事会否决了这个提案。

아직 결정되지 않았습니다.

· It's up in the air.

· 还没决定下来。

그것은 만장일치로 결정되었습니다.

· It was a unanimous decision.

· 那是全场一致决定下来的。

赞成[zànchéng] : 찬성하다, 동의하다

反对[fǎnduì] : 반대하다, 동의하지 않다

修订[xiūdìng] : 수정하다, 고치다

规章[guīzhāng] : 규칙, 규정

否决[fǒujué] : (의논한 안건이) 부결하다

提案[tíàn] : 제기한 안건

全场一致[quánchǎngyīzhì] : 만장일치

完全[wánquán] : 완전히, 전부

真心[zhēnxīn] : 진심으로

无论 ~都[wúlùndōu] : ~에도 불구하고 모두, ~하든 간에 모두

결정하셨습니까?

· Did you make up your mind?

· 决定下来的吗?

당신은 어느 편입니까?

· Which side are you on?

· 你是哪一方的?

당신은 찬성입니까, 반대입니까?

· Are you for or against it?

· 你是赞成还是反对?

나는 그것을 반대하지 않습니다.

· I'm not against it.

· 那个我不反对。

나도 마찬가지 생각입니다.

· I feel the same way.

· 我想的也是。

나는 전적으로 찬성합니다.

· I'm all for it.

· 我完全赞成。

나도 진심으로 동의합니다.

· I whole-heartedly agree with you.

· 我真心的同意。

당신이 무엇을 하던지 나는 당신편입니다.

· Whatever you do, I'm with you.

· 无论你做什么，我都是你这边的。

그는 반대하고 있습니다.

· He is on the other side of the face.

· 他反对呢。

이건 비공식입니다.

· This is off the record.

· 这是非正式的。

회의결과는 어떻게 되었습니까?

· How did the meeting turn out?

· 会议结果是怎样的?

모임은 어땠어요?

· How did the meeting go?

· 会议进行的怎么样?

회합은 대성공이었습니다.

· The meeting was a great success.

· 会议非常成功的。

일기가 나빠서 그 회의는 취소되었습니다.

· The meeting was called off because of bad weather.

· 因气象不好，这次会议取消了。

지난해와는 달리 금년의 연사들은 대부분 무미건조했습니다.

· Unlike last year, most of the speeches this year were cut-and-dry.

· 与去年不同，今年的演讲内容大部分枯燥无味。

누가 개회사를 했습니까?

· Who gave the opening address?

· 谁致开会辞?

气象[qìxiàng] : 기상, 일기

枯燥无味[kūzàowúwèi] : 무미건조하다

致辞[zhìcí] : (의식에서) 연설을 하다

우리의 계획은 아직 미정입니다.

· Our plans are all up in the air.

· 我们的计划还未定。

그녀를 우리 모임의 회원으로 가입시켰습니다.

· We listed her among our society.

· 我们加入她为我们集会的会员。

회원들은 각계각층의 사람들입니다.

· The members are from all walks of life.

· 那些会员来自各行各业。

너희 서클에서의 결정권은 누가 가지고 있니?

· Who has the last word in your circle?

· 在你们的集会里谁把握决定权?

처음에는 서먹서먹하게 느끼실 거예요.

· At first you'll feel out of place.

· 初次见面应该感到生疏。

분위기에 어울릴 수 없었어요.

· I felt so out of place.

· 没法融入那里的气氛。

입회비는 얼마입니까?

· How much is the membership fee?

· 入会费是多少钱?

누구든지 가입비 없이 회원이 될 수 있습니다.

· The membership is open to all for free.

· 不需要入会费，谁都可以成为会员。

Part 15. 제안의 표현

· A book is heirloom that great genius leaves to mankind.
책은 위대한 천재가 인류에게 남긴 유산이다.

여러 상황 표현

대략적인 숫자를 알려주시겠어요?

· Can you give me a ball park figure?

· 你能给我一个大概的数字吗?

기왕에 왔으니까 식사를 하는 게 낫겠어요.

· We might as well eat while we're here.

· 既然来了，就吃个饭吧。

왜 새 신발을 사지 않으세요?

· Why don't you buy a new pair of shoes?

· 为什么不买新的鞋呢?

기분전환 겸 산보나 합시다.

· Let's go for a walk for a change.

· 当换换气氛去散散步吧。

数字[shùzì] :숫자

既然 ~就[jìrán ~jiù] : 이왕 이렇게 된 방에야 바로

气氛[qìfēn] : 분위기

拜托[bàituō] : 부탁하다

随意[suíyì] : 뜻대로, 생각대로

제가 도와드릴 일이라도 있나요?

· Is there anything I can do for you?

· 我能帮什么忙吗?

뭘 좀 도와드릴까요?

· What can I do for you?

· 有什么帮你的忙吗?

당신에게 맡깁니다.

· I'll leave it up to you.

· 拜托你了。

이거면 되겠습니까?

· Will this do?

· 这样就可以了吗?

내일 저녁이나 같이 안 하시겠습니까?

· May I take you to dinner tomorrow?

· 明天晚上一起吃个饭吧。

맥주 한잔 하시겠어요?

· Would you like a glass of beer?

· 喝一杯啤酒吗?

먼저 하십시오.

· After you, please.

· 你先做吧。

좋으실 대로 하십시오.

· Suit yourself. It's up to you.

· 您随意。

제가 안내를 해 드릴까요?

· Do you want me to show you around?

· 我给你带路吗?

문을 잠글까요?

· Shall I lock the door?

· 锁上门吗?

시험 삼아 한번 해 봅시다.

· Let's try it out.

· 我们试一试吧。

개인적인 문제를 상의 드리고 싶은데요.

· I wish to discuss something personal with you.

· 我想跟你谈一下个人问题。

과거는 과거로 묻어둡시다.

· Let bygones be bygones.

· 过去的就让的过去吧。

· 우리와 함께 가실래요?

· Do you want to join us?

· 跟我们一起去吗?

편의 앉으세요.

· Make yourself at home.

· 随便坐一下。

오늘밤 쇼를 보러 가지 않겠어요?

· How about going to a show tonight?

· 今晚去看演出怎么样?

带路[dàilù] : 길을 안내하다

锁[suǒ] : 채우다, 잠그다

随便[suíbiàn] : 마음대로, 좋을대로

演出[yǎnchū] : 쇼

随时[suíshí] : 수시로, 언제나

义不容辞[yìbùróngcí] : 도의상 물러날 수 없다, 의리상 거절할 수 없다

尽快[jǐnkuài] : 되도록, 빨리

调查[diàochá] : 조사하다

商量[shāngliang] : 상의하다, 상담하다

죄송하지만, 8시에 약속이 있는데요.

· I'm sorry, but I have an appointment at eight tonight.

· 不好意思，8点已经约好了。

도움이 필요하신가요?

· Do you need any help?

· 需要帮助吗?

내 도움이 필요하시면 언제든지 부탁하세요. 기꺼이 도와드리겠습니다.

· Ask me whenever you need my help. I'm willing to help you.

· 有什么需要帮助的时候，随时说一声，我会义不容辞。

좋아요. 그 일을 어서 끝냅시다.

· All right, let's get it over with.

· 好的，尽快结束这件事吧。

그러면 세부를 면밀히 조사해 봅시다.

· Let's go through the details now.

· 我们详细的调查一下。

좋을대로 하세요.

· Do as you please.

· 随便做一下。

제가 영어를 도와드리지요.

· Let me help you with your English.

· 英语我能帮得上忙。

타협해 봅시다.

· I'll meet you halfway.

· 商量一下吧。

털어놓고 얘기합시다.

· Let's have a heart to heart talk.

· 我们推心置腹的谈一下。

탁 털어놓고 말해 보겠어요.

· I will have it out.

· 我打开窗户说亮话。

죤 선생과 허심탄회하게 얘기하세요.

· Feel free to talk with Mr. John, please.

· 跟约翰先生坦率的谈一下。

그 점에 관해 생각 좀 하게 시간을 주시겠어요?

· May I have a day or two to think it over?

· 对这一点，给我一点时间让我想一想。

식사하며 이야기를 나눌 수 있을까요?

· Could we have a little talk over dinner?

· 边吃边谈可以吗?

제가 가서 가져올께요.

· I'll go get it for you.

· 我过去拿。

제가 만일 당신의 입장이라면 그렇게 하겠습니다.

· If I were in your shoes, I would do that.

· 我要是你的立场，我会那么做。

이제 그만 합시다.

· Let's beat it.

· 到此为止吧。

推心置腹[tuīxīnzhìfù] : 자신의 진정한 마음을 남의 배에 놓아 두다, 진심으로 대하다

亮话[liànghuà] : 솔직한 말

坦率[tǎnshuài] : 정직하다, 솔직하다

清算[qīngsuàn] : 철저히 계산하다, 청산하다

检查[jiǎnchá] : 점검하다, 검사하다

喘口气[chuǎnkǒuqi] : 한숨 돌리다, 잠깐 쉬다

解决[jiějué] : 해결하다

오늘은 이만 합시다.

· Let's call it a day.

· 今天到这儿吧。

이걸로 청산된 것으로 합시다.

· Let's call it square.

· 以此算是清算了。

의사한테 가서 진찰을 받아 보시지요.

· You'd better go see a doctor for a check-up.

· 到医生那儿检查一下。

그것을 손에 넣을 수 있다면 뭣이든 주겠어요.

· I would give my ears for it.

· 能得到它，让我付出什么都可以。

숨 좀 쉽시다.

· Let me catch my breath.

· 让我喘口气儿吧。

이런 식으로 표현하는 것이 어떨까요?

· Let me put it this way.

· 这种形式表现可以吗?

내가 문에 나가볼께요.

· Shall I answer the door?

· 我去看看。

우리 이 일은 어른스럽게 처리합시다.

· Let's be adult about this.

· 以成年式的解决这问题吧。

찬물 한 컵 주시겠어요?

· Will you give me a glass of iced water?

· 可以给我一杯冰水吗?

제가 한 번 찾아볼께요.

· Let me look that up.

· 我来检查一下。

그를 면직시키는 것이 좋겠어요.

· You'd better cast him out of the saddle.

· 我希望解雇他。

최악의 경우에 대피하는 게 좋습니다.

· You'd better prepare yourself for the worst.

· 你在最不好情况下，让你躲开就好。

당신 나이라면 모험해 보는 것도 좋을 것 같습니다.

· You better take chances at your age.

· 按你的年龄冒次险也不错，

술 깬 다음에 우리 얘기합시다.

· Let's talk when you sober up.

· 等你醒了，我们再谈。

그만하면 충분할 거예요.

· That should be enough.

· 那样已经足够了。

걱정하지 마세요, 저한테 맡기세요.

· Don't worry. Leave it to me.

· 别担心，交给我吧。

解雇[jiěgù] : 해고하다

躲开[duǒkāi] : 피하다, 물러서다

冒险[màoxiǎn] : 모험하다, 위험을 무릅쓰다

醒[xǐng] : 깨다, 깨어나다

足够[zúgòu] : 만족하다

和解[héjiě] : 화해하다

闲事[xiánshì] : 남의 일, 중요하지 않은 일

脑子[nǎozi]: 뇌, 머리

저에게 맡기고 참으세요.

· Leave it to me, and take it easy.

· 这件事交给我，放心吧。

참으세요. 뒷 처리는 제가 하겠습니다.

· Just take easy, and I'll take care of it.

· 放心吧，后面是我会处理好的。

화해합시다.

· Let's bury the hatchet.

· 我们和解吧。

남이야 뭘 하든 상관 않는 게 좋아요.

· You'd better keep your nice and clean.

· 最好别管闲事。

그것으로 공부하면 단어실력이 많이 늘 겁니다.

· It helps a lot build a large vocabulary.

· 用这个学习方法，能提高你的

머리를 써봐!

· Use your brains.

· 用点脑子吧。

그를 한 번만 봐주세요.

· Just take a look at him.

· 请给他一次改过机会。

그게 난 필요해요.

· That, I need.

· 我需要那个。

좋은 수가 있어요.

· I've got an idea.

· 有一个妙计。

내게 좋은 생각이 있어요.

· I'll tell you what.

· 我有一个好办法。

이분을 밖으로 안내하시오.

· Will you see this gentleman out?

· 请这位先生出去。

경마장에 안 가실래요?

· Would you be interested in going to the horse race?

· 不去赛马场吗?

제가 손해를 보상해 드리겠습니다.

· I will make up for the less.

· 我会补偿损失。

이 서류에 기입 좀 해 주시겠어요?

· Would you fill this out?

· 请在文件上填一下。

네가 좋다면 내가 봐 줄게

· I'll have a look at it if you like.

· 要是你愿意，我帮你看一下。

자면서 잘 생각해 보세요.

· Consult your pillow.

· 睡觉的时候好好想一想。

妙计[miàojì]：묘계, 묘책

赛马[sàimǎ]：경마

补偿[bǔcháng]：보상하다

损失[sǔnshī]：손실, 손해

填[tián]：채우다, 메다

限度[xiàndù] : 한도, 한계

一饱眼福 [yībǎoyǎnfú] : 실컷 눈요기하다

失物[shīwù] : 유실물, 잃은 물건

招领处 [zhāolǐngchǔ] : (유실물을) 찾아가는 곳

申报[shēnbào] : 신고하다

있는 그대로 자연스럽게 하세요.

· Just be yourself.

· 把原来的你表现出来。

커피를 들면서 얘기해요.

· Let's talk over coffee.

· 边喝咖啡边谈。

우리 어디가서 커피라도 한잔 하면서 얘기 좀 할까요?

· Shall we talk over a cup of coffee somewhere?

· 我们去哪儿, 边喝咖啡边谈可以吗?

어디 가서 저녁이나 함께 합시다.

· Let's go someplace and eat dinner together.

· 我们去哪儿，吃个饭吧。

그것을 최대한 잘 이용해 봅시다.

· Let's make the best of it.

· 我们最大限度的利用好它。

나를 따라와요, 좋은 것을 보여줄께요.

· Come with me, I'll show you something.

· 跟我来，给你看样好东西。

이것으로 눈요기나 잔뜩 하세요.

· Get an eyefull of this.

· 让你一饱眼福啊。

유실물계에 신고하는 게 좋겠어요.

· We'd better report it to the Lost and Found.

· 我们最好到失物招领处申报一下才好。

집에 아무도 없으면 도어맨에게 맡겨두세요.

· If nobody's home, leave it with the doorman.

· 如果家里没人，把它交给保安人员。

필요없는 것은 빼 놓는 게 좋겠어요.

· You should leave out unnecessary things.

· 你应该取消不要的事情。

불 앞에서 몸을 좀 녹이세요.

· Toast yourself before the fire.

· 在火边暖暖身子。

오늘 우리 정원 일을 끝냅시다.

· Let's get our garden work done today.

· 今天我们把庭院的事情干完。

우리 돌아가는 것이 좋지 않을까요?

· Don't you think we'd better go back?

· 我们是不是应该回去了?

하던 일을 잠시 놓고 어서 가서 구경 좀 하세요.

· Drop whatever you're doing and go take a look.

· 先放下手中的活儿，快过去看热闹吧。

그녀를 위하여 기부금을 거둡시다.

· Let's pass around the hat for her.

· 为了她我们收集捐款吧。

그 사람 경계하는 편이 좋아요.

· You'd better stay out of his way.

· 对他这个人还是提防点儿好。

保安[bǎoān] : 치안을 유지하다

暖[nuǎn] : 따뜻하게 하다, 데우다

庭院[tíngyuàn] : 정원

热闹[rènao] : 떠들썩하다, 활기찬 광경

收集[shōují] : 모으다, 모집하다

捐款[juānkuǎn] : (돈을) 기부하다, 기부금

提防[dīfang] : 경계하다

握手[wòshǒu] : 손을 잡다, 악수하다

灰[huī] : 재, 먼지

擦[cā] : 닦다

形势[xíngshì] : 발전 상황, 형세

抓紧[zhuājǐn] :꽉 잡다, 다그치다

赶不上[gǎnbushàng] : 따라잡을 수 없다

轮流[lúnliú] :교대로 하다, 순반대로 하다

盒饭[héfàn] :도시락

그런 의미에서 우리 악수나 한 번 합시다.

· Let's shake on that.

· 在这意义上我们握个手吧。

차의 먼지 좀 닦아 내시지요.

· Why don't you dust off the car?

· 把车上的灰擦一擦吧。

나빠도 좋다고 우기세요.

· Why don't you talk black into white?

· 不好也说成好的。

잠시 형세를 살핍시다.

· See which way the cat jumps.

· 先看看形势再说吧。

급히 서두르지 않으면 기차를 놓칠거예요.

· If you don't make haste, you will miss the train.

· 如果你不抓紧点，就赶不上火车了。

우리 교대로 해요. 당신부터.

· We'll take turns. You first.

· 我们轮流着来，你先开始吧。

내일은 도시락을 갖고 오십시오

· Bring along your lunch box with you tomorrow.

· 明天准备盒饭过来吧。

행운의 여신에게 감사하세요.

· You can thank your lucky stars.

· 感谢老天保佑吧。

주의하는 것이 좋겠어요.

· Better watch out!

· 还是小心点儿好。

빠르면 빠를수록 좋습니다.

· The earlier, the better.

· 越快越好。

전 재산을 같은 투자 계획에 넣지는 맙시다.

· Let's not put all our eggs in one basket

· 我们不要孤注一掷。

이번 주말에 낚시하러 가는 거 어때?

· How about going fishing this weekend?

· 这个周末去钓鱼怎么样?

孤注一掷[gūzhùyīzhì] : 도박에서 남은 밑천을 다 걸고 최후의 승부를 걸다

钓鱼[diàoyú] : 물고기를 낚다, 낚시하다

Part 16. 감정 표현

· If you dream it, you can do it.
꿈꿀 수 있다면 실현도 가능하다.

여러 상황 표현

压力[yālì] : 압력

吃力[chīlì] : 힘들다, 고생스럽다

脱离[tuōlí] : 벗어나다, 이탈하다

折磨[zhémó] : 고통, 시달림

저는 일에 많이 시달리고 있어요.

· I'm under a lot of pressure at work.

· 我的工作压力很大。

한 사람이 하기에 일이 너무 벅차요.

· There's just too much work for one person.

· 这工作一个人做有点吃力。

곧 시달림에서 벗어났으면 좋겠군요.

· Well, I hope the pressure is off you soon.

· 希望你早日脱离这种折磨。

폐를 끼치고 싶지 않은데.

· I hope I'm not imposing.

· 我不想麻烦你了。

오늘 제가 제정신이 아니군요.

· I'm not feeling myself today. / I'm not myself today.

· 今天我有点失常。

저는 오늘 몸이 좋질 않아요.

· I'm feeling under the weather today.

· 今天下午我身体有点不舒服。

오늘 오후에 몸이 좀 이상하군요.

· I don't feel up to par this afternoon.

· 今天下午身体有点不舒服。

놀리시는 겁니까?

· Are you pulling my legs?

· 你在捉弄我吗?

클래식 음악을 듣고 싶은데요.

· I feel like listening to classical music.

· 我想听古典音乐。

무슨 근거로 그렇게 얘기하지?

· What makes you say so?

· 你那么说有什么根据呢?

혀끝에서 뱅뱅 도는데 기억이 안 나는군요.

· It's on the tip of my tongue, but I can't quite remember.

· 话到嘴边，就是想不起来。

그런 상황을 극복하시는 선생님의 역량이 부럽습니다.

· I really envy your ability to cope with the situation.

· 我很羡慕能克服这种情况的老师。

失常[shīcháng] : 정상적인 상태를 잃다, 비정상적이다

舒服[shūfu] : 편안하다, 상쾌하다

捉弄[zhuōnòng] : 농락하다, 조롱하다

古典[gǔdiǎn] : 고전, 고전의

嘴[zuǐ] : 입

羡慕[xiànmù] : 흠모하다, 선맹하다, 부러워하다

克服[kèfú] : 극복하다, 이겨내다

价格[jiàgé] : 가격

离谱[lípǔ] : 실제와 다르다, 상궤를 벗어나다

难过[nánguò] : 괴롭다, 고통스럽다

消息[xiāoxi] : 뉴스, 소식

秘密[mìmì] : 비밀

값이 너무 터무니없이 비싼 것 같았어요.

· I thought the price was ridiculous.

· 价格太贵得离谱了。

저도 그렇게 생각했습니다.

· I thought so, too.

· 我也是那么想。

그것 참 안됐군요.

· I'm sorry to hear that.

· 听到这个消息，我很难过。

들어봐.

· Listen to this!

· 你听一听。

소식 들었어?

· You know what!

· 听到消息了吗?

우리끼리 이야기지만...

· Just between us...

· 只在我们之间...

내 한마디 할게

· Let me tell you something.

· 我来说一句。

이건 비밀인데...

· This is a secret...

· 这个是秘密的...

그건 그렇고 말이야...

· To change the subject...

· 换个话题来说 ...

이제 와서 하는 말인데...

· I have to admit that...

· 虽然是后话 ...

지금이니까 말이지만...

· It's all right to say so now, but...

· 事到如今，我才说 ...

나도 잔소리 하기는 싫지만..

· I hate to nag, but..

· 虽然我不想唠叨啊。

창피한 이야기지만..

· I'm ashamed to say so, but..

· 虽然很丢脸，但 ...

이런 말해서 어떨지 모르지만..

· I hesitated to bring this up, but..

· 不知道该不该说，不过 ...

자랑은 아니지만..

· Not to brag or anything, but..

· 不是我自夸 ...

话题[huàtí] : 화제

虽然[suīrán] : 비록 ~일지라도

后话[hòuhuà] : 뒷말, 뒷이야기

事到如今[shìdàorújīn] : 일이 이렇게 되다, 일이 이 지경에 이르다

唠叨[láodao] : 되풀이해 말하다, 수다를 떨다

丢脸[diūliǎn] : 체면을 구기다, 체면을 잃다

自夸[zìkuā] : 스스로 자랑하다, 뽐내다

Part 17. 근심·걱정의 표현

· 出门看天色，进门看脸色。
외출 전에 날씨를 보고 말을 걸 때 표정을 보다.

여러 상황 표현

요즘 매우 조용한 것 같은데 무슨 생각을 하고 있지?

· You've been very quite lately. What's on your mind?

· 最近好象你异常安静，在想什么呢?

자신감을 갖기 위해선 정말 더 연습해야 되겠어요.

· I really need to practice more so I can feel confident.

· 为了增强自信心，真的要加强实践了。

안색이 형편없군요.

· You look terrible.

· 你的脸色不好。

엎치락뒤치락하다 한 잠도 못 잤어요.

· I tossed and turned all night.

I was all over the bed.

I didn't sleep a wink.

· 翻来覆去睡不着。

异常[yìcháng] : 이상하다, 예사롭지 않다

增强[zēngqiáng] : 증강하다, 강화하다

加强[jiāqiáng] : (모자라거나, 부족한 점을) 보강하다, 강화하다

实践[shíjiàn] : 실천하다, 실행하다

脸色[liǎnsè] : 안색, 얼굴빛

翻来覆去[fānláifùqù] : (자면서) 몸을 이리저리 뒤척이다, 엎치락 뒤치락하다

睡不着[shuìbuzháo] : 잠들지 못하다

걱정되는 일이 있었나요.

· Did you have something on your mind?

· 有什么担心的事儿?

오늘 왜 그렇게 시무룩하니?

· Why are you so cross today?

· 今天怎么不高兴?

왜 그러세요? 몸이 편찮으세요?

· What's the matter? Don't you feel well?

· 怎么了, 身体不舒服吗?

몹시 피곤해 보이는데, 간밤에 늦도록 신나게 놀았니?

· You look tired. Had a big night?

· 我看起来你很累，昨晚玩得很晚吗?

감기는 다 나았니?

· Have gotten over your cold?

· 你的感冒好了吗?

피곤해 보이는데 웬일인가요?

· How come you look so tired?

· 看起来很疲劳，怎么了?

오늘 기분이 언짢아 보이는데..

· You look under the weather today.

· 我看起来今天你不高兴...

무슨 일이 잘못됐니?

· Is anything wrong?

· 有什么事出错了吗?

担心[dānxīn] : 걱정하다, 근심하다

感冒[gǎnmào]: 감기

疲劳[píláo] : 고단하다, 피로하다

出错[chūcuò] : 실수를 하다

여태 어디 있었습니까?

· Where have you been?

· 你一直在哪儿了?

Part 18. 비난의 표현

· 明有人非，幽有鬼责。
이승에서 사람의 비난을 받고, 저승에서 귀신의 책망을 듣다.

여러 상황 표현

제 차가 결국 아무 쓸모없는 고물로 변해 버렸어요.

· My car turned out to be a piece of junk.

· 我的车最终成了一个废品。

음식도 차고 서비스는 엉망이고 값은 터무니없었거든요.

· The food was cold, the service was bad and the meals were overpriced.

· 食物很凉、服务也差、价格贵得离谱了。

그건 바가지에요. 바가지를 썼군요.

· That's a rip-off.

· 那是敲诈。受骗了。

정말 내가 바가지를 쓴 것 같네요.

· I guess I really got ripped-off.

· 好象我真的受骗了。

最终[zuìzhōng] : 맨 나중, 최종

废品[fèipǐn] : 폐품, 불량품

凉[liáng] : 시원하다, 차다

差[chà] : 모자라다, 부족하다

敲诈[qiāozhà] : 갈취하다, 사기 당하다

受骗[shòupiàn] : 기만당하다, 속임을 당하다

不值[bùzhí] : 가치가 없다

昂贵[ángguì] : (가격이) 높다, 비싸다

내 생각에는 그 친구가 나에게 제 값보다 훨씬 더 받은 것 같아요.

· I think he charged me more than it's worth.

· 我觉得那个人卖给我的不值这个价。

그 사람은 나에게 돈을 너무 많이 받았어요.

· He charged me too much.

· 我认为他卖贵了，这个东西不值这个价。

제 값보다 더 많이 매겨져 있다.

· It's overpriced.

· 它过于昂贵了。

Part 19. 성격 · 태도의 표현

· 耳不听，心不烦眼不见，嘴不馋
귀로 듣지 않으면 마음이 편안하고, 눈으로 보지 않으면 먹고 싶지 않다.

여러 상황 표현

그 사람이라면 진절머리가 나요.

· I'm fed up with him./I am sick and tired of him.

· 对他感到厌烦。

그녀가 나를 바람 맞췄어요.

· She stood me up.

· 她放我鸽子了。

그는 즉흥적으로 연설했죠.

· Ha was speaking off the top of his head.

· 他现场讲演了。

내가 망친 것 같군요.

· I guess I goofed up.

· 我把这件事搞糟了。

厌烦[yànfán]：싫증나다, 질리다

放鸽子[fànggēzi]：비둘기를 놓아주다, 바람을 맞다

现场[xiànchǎng]：현장, 직접 진행하는 장소

搞糟[gǎozāo]：실수하다, 잘못하다

善变[shànbiàn] : 변하기 쉽다

厌倦[yànjuàn] : 질리다, 싫증이 나다

明智[míngzhì] : 뛰어난 지혜

坦率[tǎnshuài] : 정직하다, 솔직하다

어림도 없는 소리!

· Not on you life!

· 根本不可能的。

우린 이미 끝이 났어.

· You and I are through!

· 我们之间已经结束了。

이따금 당신은 꽤 변덕인 것 같아요.

· Sometimes I think you're very fickle.

· 你偶尔挺善变的。

정말 견디기 어려운 것이다.

· It's a pin in the neck.

· 真的受不了了。

일요일인데도 근무를 해야 되는 것은 정말 지겨운 일이다.

· It's a real drag when I have to work Sundays.

· 星期日还得上班，真让人厌倦。

참 잘한다!

· Good for you!

· 干得好!

때로는 사람들에게 단도직입적으로 대 하는게 더 현명하지요.

· Sometimes, it's a wise to be direct with people.

· 有时侯直接了当(单刀直入)的说才是明智的选择

때로는 솔직하게 털어놓는 것이 최선의 길이지요.

· Sometimes being frank is the best policy.

· 有时坦率的说出来是最好的选择。

좋을대로 하세요.

· Suit yourself.

· 随你的便。

그런 말씀 마십시오.

· Don't give me that.

· 请别这么说。

그 문제에 대해서는 많이 생각해 봤어요.

· I've given it a lot of thought.

· 对这问题我想了很多。

기분을 상하게 하려고 한 말은 아니었어요.

· I didn't mean to offend you.

· 我不想伤和气。

모든 일이 잘 될 거예요.

· Everything will work out just fine.

· 一切都会顺利(好)的。

안보면 마음조차 멀어진다.

· Out of sight, out of mind.

· 眼不见，心为静。

정신 나갔어요?

· Are you out of your mind?

· 你疯了吗?

쓸데없는 일에 참견 말라구!

· Mind your own business!

· 少管闲事。

伤和气[shānghéqi] : 감정을 상하게 하다, 불쾌하게 되다

一切[yīqiè] : 일체, 전부

眼不见, 心为静 [yǎnbùjiàn, xīnwéijìng] : 안보면 마음조차 멀어진다

疯[fēng] : 미치다, 돌다

少管闲事 [shǎoguǎnxiánshì] : 쓸데없는 일에 참견하지 않다

嘮叨[láodao] : 되풀이 하여 말하다, 수다를 떨다

勉强[miǎnqiǎng] : 어려움을 참다, 마지못하다, 어쩔 수 없다

胆量[dǎnliàng] : 담력, 용기

教养[jiàoyǎng] : 가르쳐 키우다, 교양

그녀의 잔소리 듣는 것에 아주 진절머리가 났어요.

· I got sick and tired of listening to her complain.

· 厌倦听你的唠叨。

무리가 아니군요.

· I don't blame you.

· 是不是太勉强了。

기왕에 왔으니까, 식사를 하는 게 낫겠어요.

· We might as well eat while we're here.

· 既然已经来了，就吃个饭吧。

이 음악을 도저히 못 듣겠어!

· I can't stand this music!

· 这音乐真没法听。

그럴 만한 배짱이 없습니다.

· I don't have the nerve to do it.

· 没那个胆量(没那个勇气)。

그녀는 딱 질색이야.

· She turns me off.

· 我讨厌她。

그녀는 항상 교양 없는 말만해요.

· She's always making rude remarks.

· 她说话一向没教养(素质)。

그는 자기가 무슨 굉장한 사람이나 되는 줄 알고 있다.

· He thinks he's something.

· 他自己以为他是什么了不起的人。

그게 정말 미치게 만들어요.

· It's driving me (up a well) crazy.

· 那个真让我发疯。

직장 때문에 미칠 지경입니다.

· My job is driving me bananas (nuts)!

· 我的工作让我发疯。

세상이 산산조각이 나서 어떻게 되는 줄 알았어요.

· I thought the world was failing apart.

· 我以为世界消灭了。

그녀가 그에게 홀딱 반한 거 같애.

· I think she's flipped for him.

· 她被他迷住了。

그 여잔 정말 그렇게 행동해.

· She's certainly acting like it.

· 那女的真能那样做。

그도 그녀를 그렇게 좋아할까요?

· Does he feel the same about her?

· 他也那么真喜欢她吗?

당신과는 절교입니다.

· I'm through with you.

· 我跟你断绝关系了。

천천히 하십시오.

· Take your time.

· 慢慢来吧。

发疯[fāfēng] : 미치다, 정신나가다

消灭[xiāomiè] : 소실하다, 사라지다, 없어지다

迷住[mízhù] : 홀리다, 현혹시키다

断绝[duànjué] : (연락, 왕래를) 끊다, 단절하다

移动[yídòng] : 이동하다

저는 사람들을 기다리게 하는 게 싫습니다.

· I have to keep people waiting.

· 我不想让人们久等。

당신 때문에 줄이 이동이 안됩니다.

· You're holding up the line.

· 因为你我没法移动了。

Part 20. 안 내

· Dreams are the touchstones of our characters.
꿈은 우리들 성격의 시금석이다.

전시관 안내

* 기본적인 문장

환영합니다.

· Welcome to ABC Pavilion.

· 欢迎光临!

光临[guānglín] : 광림하다, 왕림하다

감사합니다.

· Thank you very much.

· 谢谢!

천만에요.

· You're welcome.

· 别客气!

죄송합니다.

· I'm sorry.

· 对不起!

劳驾[láojià] : (인사말) 실례합니다

脸色[liǎnsè] : 안색, 얼굴빛

실례합니다.

· Excuse me.

· 劳驾!(麻烦一下)

좋습니다.

· Yes. / That's okay.

· 好的!

도와드릴까요?

· May I help you?

· 你需要帮忙吗?

어디 볼까요?

· Let me see.

· 让我看一下。

문제없어요.

· No problem.

· 没问题!

물론입니다.

· Of course. / Certainly.

· 那当然。

어떻게 된 일입니까?

· What's the matter?

· 怎么回事?(怎么搞的?)

안색이 안 좋습니다.

· You look pale.

· 看起来，你的脸色不好。

부디 조심하십시오.

· Take care of yourself, please.

· 多保重!

＊ 인사방법

저는 00 전시관에서 근무하는 김 영 준입니다. 만나서 반갑습니다.

· I'm Young Joon Kim, Working for 00 Pavilion. I'm glad to meet you.

· 我是在展示馆工作的金陵俊。见到您很高兴。

안녕하세요 저희 전시관에서 즐겁게 지내시길 바랍니다.

· Good morning. I hope you'll have a good times in our pavilion.

· 您好! 希望你在我们展示馆参观得愉快。

안녕하세요. 김선생님께서 기다리고 계십니다.

· Good morning. Mr.～. Mr Kim is expecting you.

· 您好！ 金先生正在等您。

＊ 방문자의 이름을 묻는 방법

이름을 말씀해 주실까요?

· May I have your name please?

· 请告诉我你的名字。

＊ 상대방의 말을 듣지 못했을 경우

다시 한 번 말씀해 주실까요?

· I beg your pardon?(혹은 pardon?)

· 请再说一遍。

保重[bǎozhòng] : 건강에 주의하다

展示馆[zhǎnshìguǎn] : 전시관

愉快[yúkuài] : 유쾌하다, 즐겁다

再说一遍[zàishuōyībiàn] : 다시 한번 말하다

了解[liǎojiě] : 분명히 알다

清楚[qīngchu] : 분명하다, 이해하다, 알다

负责人[fùzérén] : 책임자

죄송합니다. 조금 천천히 말씀해 주실까요?

· I'm sorry. Could you speak slowly?

· 对不起，请慢一点说一下。

여기에 써 주시겠습니까?

· Would you mind writing it down here?

· 请在这儿写上。

＊ 영어가 능숙지 못할 때

저는 영어를 잘 하지 못합니다.

· I don't understand English very well.

· 我的英语不太好。

영어가 가능한 사람을 불러 오겠습니다.

· I'll get someone who can speak English.

· 马上叫能讲英语的人过来。

＊ 질문에 답할 수 없을 경우

죄송합니다. 그 일에 관해서 잘 알지 못합니다.

· I'm sorry. but I'm not familiar with that.

· 对不起，我对那件事不太了解。

저쪽에서 문의해 주십시오. 그는 그것에 대해 잘 알고 있습니다.

· Please, ask the man over there. He should know a lot about it.

· 请您到那边问一下，他对这些问题非常清楚。

담당자를 모시고 오겠습니다.

· I'll get the person in charge.

· 请找个负责人。

＊ information center에 연결할 경우

그것에 관해서는 information center에 가시면 유용하리라 생각합니다.

· I think you should ask someone in information center about it.

· 我认为指南服务中心能帮助你解决问题。

指南[zhǐnán] : 지침, 지도하다

稍[shāo] : 조금, 약간, 얼마쯤

＊ 손님을 기다리게 할 경우

잠시 기다려 주시겠습니까?

· Would you mind waiting for a while?

· 请稍等好吗?

저쪽에 앉아서 잠시 기다려 주십시오.

· Please take a seat over there and wait for a moment.

· 请到那边稍等好吗?

＊ 배웅 인사를 할 경우

마음껏 즐기십시오. 안녕히 가십시오.

· Have a nice time. Good bye.

· 祝您玩得愉快。再见!

즐거운 여행이 되십시오. 안녕히 가십시오.

· Have a nice trip. Good bye.

· 祝您旅游愉快。再见!

저희 전시장에 방문해 주셔서 대단히 감사합니다.

· We are happy to have you in our pavilion.

Thank you very much for visiting our pavilion.

· 非常感谢您能到我们展示馆参观。

拐[guǎi] : (방향을) 틀다, 바꾸다

街区[jiēqū] : 도로, 거리, 길

建筑[jiànzhù] : 건축물

迷路[mílù] : (길, 방향 등을) 잃어버리다

位置[wèizhì] : 위치, 자리

재미 있으셨습니까?

· Did you have a good time?

· 您玩得愉快吗?

* 회장 내의 길 안내

실례합니다. 00 전시관이 어디 있는지 가르쳐 주시겠습니까?

· Excuse me. Please tell me how to get to the 00 pavilion.

· 对不起，请告诉我00展示馆在哪儿?

저기에서 오른쪽으로 돌아서 아래 블록으로 가시면 됩니다.

· Turn right there and go down to the next block.

· 从那里往右拐，然后去下一个街区就是了。

00 전시관은 당신의 왼쪽에 있습니다. 그 곳은 하얀 전시관입니다.

· 00 Pavilion is on your left side. It's a large white pavilion.

· 00展示馆在你的左边。那是一个白色的建筑的。

죄송합니다. 여기가 어딥니까? 길을 잃었습니다.

· Excuse me. Could you tell me where I am? I'm afraid I'm lost.

· 请问，这里是哪儿? 我好象迷路了。

여기는 00 전시관입니다.

· This is 00 pavilion.

· 这里是00展览馆。

지금 우리는 이 지도상의 이 위치에 있습니다.

· We are right here on this map.

· 我们现在在于地图上的这个位置。

앞으로 쭉 가십시오. 그러면 발견하실 겁니다.

· Go straight ahead then you'll never miss it.

· 一直往前走，就能看见了。

* 회장에서 교통기관으로의 안내

00 역에 가는 길을 가르쳐 주시겠습니까?

· Could you tell me the way to the 00 Station?

· 请告诉我，到00站怎么走?

남쪽 출입구를 찾아가시면 거기에 역이 있을 겁니다.

· If you do out by south Gate, you will find the 00 station there.

· 你到南边的出口，车站在那附近。

여기에서 걸어서 5분 정도 걸립니다.

· It takes about 5 minutes on foot from here to the station.

· 从这里到那儿有五分钟的路程。

저너머 정문으로 나가십시오. 그러면 오른쪽에 버스터미널이 있습니다. 그곳에서 셔틀버스를 타시면 00 역에 갈 수 있습니다.

· Go out by gate over there. You'll find bus terminal on your right. Take that shuttle bus then you'll get to the 00 station.

· 从正门出去，就能看见右边有一个车站。在那儿坐往返客车就能到00车站了。

거기에서 30분 정도 걸립니다.

· It takes thirty minutes to get there.

· 从那儿走路需要三十分钟。

附近[fùjìn] : 부근의, 근처

路程[lùchéng] : 노정, 길

车站[chēzhàn] : 터미널, 정류장

大概[dàgài] : 대강, 대략

左右[zuǒyòu] : 좌우, 가량, 안팎

出租车[chūzūchē] : 택시

＊ 목적지까지의 소요시간

실례합니다. 여기에서 00까지 얼마나 걸립니까?

· Excuse me. How long does it take to get to 00 from here?

· 请问，从这里到00需要多长时间?

약 1시간 정도 걸립니다.

· It takes about an hour.

· 大概需要一个小时左右。

실례합니다만 서쪽 출입구까지 얼마나 걸립니까?

· Excuse me. How far is it to the west Gate?

· 对不起，到西边出口得多长时间?

걸어서 10분 정도 걸립니다.

· It's about ten-minutes walk from here.

· 走路需要十分钟左右。

폐를 끼쳐 죄송합니다만, 00역까지 택시로 가는데는 약 얼마나 걸립니까?

· Sorry to bother you, but how long does it take to get to the oo station by taxi?

· 麻烦你，到00车站坐出租车得多长时间?

예, 제 생각으로는 택시로 약 20분 정도 걸립니다.

· Well, I think it takes about 20 minutes by taxi.

· 我认为坐出租车的话，二十分钟左右吧。

＊ 사람을 찾을 경우

실례합니다. 이 선생님을 만나고 싶습니다.

· Excuse me. I'd like to see Mr. Lee.

· 对不起，我想见一下李先生。

여기서 잠시만 기다려 주십시오.

· Please wait for a moment.

· 请稍等一下。

지금 바로 찾아보겠습니다.

· I will find him right away.

· 我马上帮您找一下。

기다리게 해서 죄송합니다.

· I'll sorry to have kept you waiting.

· 对不起，让您久等了。

이쪽으로 오십시오.

· Please come this way.

· 请这边走。

죄송합니다. 지금 안계시는데요.

· I'm sorry he is not in right now

· 对不起，现在他不在。

메모를 남겨드릴까요?

· Can I take a message?

· 您留言吗?

马上[mǎshàng] : 곧 바로, 즉시

留言[liúyán] : 말을 남기다, 메모를 남기다

代表[dàibiǎo] : 대표

头晕[tóuyūn] : 머리가 아찔하다, 어지럽다

沙发[shāfā] : 소파

이 Pavilion의 대표자는 누구지요?

· Who is the representative?
· 这Pavilion的代表是谁?

무슨 일로 찾으시죠?

· May I ask you the reason you want to see him?
· 有什么事吗?

만나 뵙고 싶어서 그러는데요.

· I just want to see him.
· 只是想见个面。

잠깐만 기다리세요.

· Wait a moment, please.
· 请稍等。

* 몸 상태가 좋지 못한 손님에 대한 대응

몸이 편찮으십니까?

· Do you feel sick?
· 身体不舒服吗?

예, 현기증이 조금 나는데요.

· Yes, I feel a little dizzy.
· 我有点头晕。

안됐군요. 저쪽에 가서 의자에 앉으시지요.

· That's too bad. Please sit on the bench over there.
· 是吗?请到那边的沙发上休息一会儿。

의무실로 모셔다 드릴까요?

· Shall I take you to the first aid center?

· 带您去医院吗?

괜찮습니다. 그러지 않아도 됩니다. 좋아질 것 같습니다.

· No. thank you. I think I'll be all right.

· 没事，不用了。

곧 괜찮아 지기를 바랍니다.

· I hope you'll feel better soon.

· 希望您感觉好一点儿。

＊ 시간을 물어올 때

지금 몇 시입니까?

· What time is it now? / What time do you have?

· 现在几点了?

10시 30분입니다.

· My watch says (it's) ten thirty.

· 十点三十分钟。

＊ 단체행동에 대한 지시

조용히 해 주시기 바랍니다.

· Please be quiet.

· 请大家安静一下。

문을 닫을 시간입니다. 서둘러 주시기 바랍니다.

· It's time to close the 00 pavilion. Please hurry up.

· 快要关门了。请快一点。

医院[yīyuàn] : 병원

感觉[gǎnjué] : 감각, 느낌

安静[ānjìng] : 고요하다, 조용하다

一排[yīpái] : 한줄, 일렬

洗手间[xǐshǒujiān] : 화장실, 변소

热闹[rènao] : 떠들썩하다, 활기차다

胶卷[jiāojuǎn] : 필름

일렬로 줄을 서주시기 바랍니다.

· Stand in line , Please. / Line up, Please.

· 请站成一排。

* 전시관내의 안요?

· Where is the restroom?

· 洗手间在哪儿?

화장실은 저쪽 우측에 있습니다.

· You may find it on the right side over there.

It's located at the right side over there.

· 洗手间在那右边。

앞으로 계속 가시다 코너를 돌면 있습니다.

· Please keep going and turn to the left and then you will find it.

· 一直往前走，然后拐就是了。

지금 1층은 혼잡하오니 2층을 이용하십시오.

· As the first floor is crowed, I suggest you to go second floor.

· 现在一楼人多有点乱，请您使用二楼。

따라 오십시오.

· Please follow me.

· 请跟我来。

필름은 어디서 팔지요?

· Where can I buy a film?

· 请问胶卷在哪儿卖?

Pavilion 안에는 필름 판매소가 없습니다.

· There is no film shop in this pavilion.(There is no place to buy a film in this pavilion)

· 在Pavilion里没有卖胶卷的地方。

밖으로 나가셔서 좌측으로 계속 걸어가시면 판매대가 보일 겁니다.

· Please go out and keep going left, then you'll see shoppingstand.

· 出去往左边走过去的话，能看见小卖部。

목이1 마른데요. 음료수는 어디서 팔지요?

· I'm thirsty. Where can I get a beverage?

· 口渴了，饮料在哪儿卖?

* 방문객에게 어떤 행동을 요구할 때

이 서류에 기입해 주시기 바랍니다.

· Please fill in this paper.

· 请在这个表上填一下。

이 물건을 들고 가실 수 없습니다. 저희에게 맡겨 주시면 보관해 드리겠습니다.

· This item is not allowed in this pavilion. If you leave it here, we'll keep it for you.

· 这个东西不许带人，我们可以帮你保管它。

이곳은 금지 구역입니다.

· This place is authorized person only. (Only authorized person is allowed)

· 这里是禁止人内

小卖部[xiǎomàibù] : 매점

渴[kě] : 목마르다, 갈증나다

饮料[yǐnliào] : 음료

不许[bùxǔ] : 불허하다, 허락하지 않다

带[dài] : 지니다, 휴대하다

禁止[jìnzhǐ] : 금지하다

禁烟区[jìnyānqū] : 금연구역

여기는 금연구역입니다.

· This area is non smoking zone. (This is non smoking place)

· 这里是禁烟区。

＊ 주의를 부탁할 때

조심하십시오.

· Watch out. (Look out, Be careful)

· 请小心一点。

＊ 국적을 묻는 말

어디서 오셨습니까?

· Where are you from?

· 是从哪儿来的?

미국에서 왔습니다.

· I come from United States.

· 是从美国来的。

국적이 어떻게 됩니까?

· What's your nationality?

· 你是哪国家人?

저는 미국인입니다.

· I'm an American.

· 我是美国人。

＊ 물건을 건네 줄 때

여기 있습니다.

· Here you are.

· 给您。

＊ 방문객을 안정시킬 때

도와드릴까요? 무슨 문제입니까?

· May I help you? What's your problem?

· 需要帮忙吗?

걱정 마십시오. 곧 찾아드리겠습니다.

· Don't worry. We'll get your daughter as soon as possible.

· 不要担心，马上帮你找一下。

연락처를 주시면 저희가 찾는데로 연락드리겠습니다.

· If you give me a telephone number then we will inform you.

· 留下你的联络处，我们找到的话就跟你联系。

＊ 전화응대

네, 여기는 00 Pavilion입니다.

· Hello, this is 00 Pavilion.

· 我是00 Pavilion。

끊지 말고 기다리세요. 연결해 드리겠습니다.

· Hold on, please. I'll connect you to the manager.

· 不要挂电话，马上为您转机。

需要[xūyào] : 필요로 하다

联络[liánluò] : 연락하다

挂电话[guàdiànhuà] : 전화를 끊다

转机[zhuǎnjī] : 바꾸다, 돌리다, 조짐, 비행기를 갈아 타다

展览馆[zhǎnlǎnguǎn] : 전람관, 전시관

至少[zhìshǎo] : 최소한, 적어도

隔[gé] : 거리를 두다, 간격

上映[shàngyìng] : (영화를) 상영하다

销售[xiāoshòu] : 판매 마케팅

저희 Pavilion은 0시부터 0시까지 합니다.

· Our Pavilion operates from 00 in the morning until 00 in the afternoon.

· 我们的Pavilion是0点到0点。

영상관과 전시관을 다 보시려면 적어도 0시까지

· If you want to see theater and exhibition hall then you must come at least 00 Pavilion by 0(시)

· 要参观电影院和展览馆的话至少得0点。

영상관은 10시부터 6시까지 1시간 간격으로 상영합나다.

· It plays from ten in the morning to six in the afternoon at intervals every an hour.

· 电影院从10点到6点每隔一个小时上映一次。

다음 회 상영시간은 00시입니다.

· Next shows starts at 00.

· 下一次上映时间00点。

예, 저희 Pavilion에서는 00행사가 마련되어

· Yes, we have 00 program.

· 我们Pavilion现在进行00活动。

* 방향안내 (Guiding for Directions)

실례합니다. 길을 잃었는데요. 마케팅부서로 가려고 하는데 어떻게 가면 됩니까?

· Excuse me. I'm lost. I'd like to Marketing department. How can I get there?

· 对不起，我迷路了。我想去销售科该怎么走?

마케팅 부서요... 음, 엘리베이트를 타고 2층으로 내려가세요. 그러면 방향표지판을 보실 수 있을 겁니다.

· Marketing department.... well, take the elevator and go down to the 2nd floor. And then You'll see the direction sign.

· 销售科....... 坐电梯到二楼就能看见方向路标。

저, 대중교통을 이용해서 이곳에서 롯데호텔에 가는 방법을 가르쳐 주세요?

· Well done. Would you tell me how to get to Lotte Hotel through any public transportation?

· 请告诉我坐公共汽车去LOTTE饭店怎么走?

여기서 가장 가까운 버스 정류장이 어디 있습니까?

· Where is the nearest bus stop?

· 离这里最近的公共汽车站在哪儿?

이 근처에 지하철역이 있습니까?

· Is there a subway station near here?

· 这附近有地铁站吗?

이 노선에는 지하철이 얼마나 자주 다닙니까?

· How often do the subways run on this route?

· 这路线的地铁多长时间运转一次?

가는 길 좀 가르쳐 주세요.

· Give me some directions.

· 请告诉我该怎么走?

여기서 두 블록 걸어서 가세요. 그리고 오른쪽으로 도세요.

· Walk two blocks from here, and turn right.

· 从这里走两个站，在往右拐就是了。

电梯[diàntī] : 엘리베이터, 승강기

路标[lùbiāo] : 도로표지, 이정표

地铁[dìtiě] : 지하철

路线[lùxiàn] : 노선

运转[yùnzhuǎn] : (일정한 궤도에 따라) 운행하다, 돌다

角[jiǎo] : 모서리, 구석, 모퉁이

相同[xiāngtóng] : 똑같다, 상동하다

反[fǎn] : 반대의, 거꾸로

对面[duìmiàn] : 맞은편, 건너편

물론이죠, 바로 모퉁이 돌아서면 있습니다. 저기 하얀 건물이 보이지요?

· Sure. It's just around the corner. You see the white building over there?

· 那当然。它就拐角处。能看见那个白色建筑吗?

그럼요, 전 선생님과 같은 방향으로 갑니다. 같이 가실까요? 어디 있는지 제가 가르쳐 드릴께요.

· Certainly. I'm going in the same direction. Could you come along with me? I'll show you where it is.

· 当然。我跟先生是相同的方向。一起走吧?
告诉你怎么走。

선생께서는 반대 방향으로 가고 계십니다.

· You are going in the opposite direction.

· 先生您走的是反方向。

내가 버스를 잘못 탔군요.

· Am I on the wrong bus?

· 我坐错公共汽车了。

다음 정류장에서 내리셔서 길 건너에서 타십시오.

· You have to get off at the next stop and take a bus on the other side of the street.

· 在下车站下车，然后在对面坐车。

이 버스 용산 가는 버스 맞습니까?

· Is this the right bus going to Yongsan?

· 这辆车往龙山走的吗?

이 버스 어디로 가는 버스입니까?

· Where is this bus bound for?

· 这辆车开往哪儿?

어느 버스가 잠실에 갑니까?

· Which bus goes to Jamsil?

· 哪辆车开往蚕室(jamsil)?

버스를 잘못 타셨습니다.

· You got on the wrong bus.

· 你坐错车了。

어디서 갈아타야 합니까?

· Where do I have to change?

· 应该在哪儿转乘?

여기가 어디쯤 될까요?

· Where are we now?

· 这里是什么地方?

어디서 갈아타야 합니까?

· Must I change somewhere?

· 应该在哪儿转乘坐?

바꿔 타는 표가 있습니까?

· Is there any transfer available?

· 有转乘票吗?

맨허턴까지 안내할까요?

· May I act as guide for you to Manhattan?

· 我陪同你去曼哈顿吗?

开往[kāiwǎng] : ~로 향해 출발하다

转乘[zhuǎnchéng] : 갈아타다

陪同[péitóng] : 함께 가다, 동행하다

警察[jǐngchá] : 경찰관, 경관

弯儿[wānr] : 구부러져 꺾인 곳

座位[zuòwèi] : 좌석, 자리

당신은 맨허턴을 두루 잘 알고 있는 것 같군요.

· You know every inch of Manhattan, I suppose.

· 我觉得你对曼哈顿很了解的。

저도 이곳이 처음입니다.

· I'm a stranger here myself.

· 我也第一次来这里呢。

아, 저기 경찰관이 있군요, 그에게 물어 봅시다.

· Oh, there's a policeman, let's ask him.

· 那儿有个警察，去问问他吧。

이 모퉁이를 돌면 바로 있습니다.

· It's right around the corner.

· 拐角处转个弯儿就是了。

길 건너편에 있습니다.

· It's across the street.

· 它在对面。

다음 구획에 큰 가게가 있습니다.

· There's a big one in the next block.

· 下一区有大店儿。

제 좌석을 좀 찾아주시겠습니까?

· Can you help me find my seat?

· 你可以给我找我的座位吗?

얼마나 걸립니까?

· How far away is it?

· 需要多长时间?

쇼핑을 하려고 하는데, 어딘가 좋은지 추천 좀 해주시겠어요?

· I would like to go shopping. Can you make some suggestions?

· 我想逛商店，给我推荐哪好?

이 지도로 백화점 가는 길을 좀 가르쳐 주시겠어요?

· Could you show me the way there on this map?

· 你能帮我在这张地图上找百货商店怎么走?

이 길을 곧장 따라가다가 이 교차점에서 오른쪽으로 꺾어지시면, 거기가 바로 백화점입니다.

· Go straight on this road and turn right at the intersection. The department store is located right there.

· 一直走这条路线，到交叉点向有右拐，就能到百货店了。

逛[guàng] : 거닐다, 산보하다

推荐[tuījiàn] : 추천하다

交叉点[jiāochādiǎn] : 교차점

Part 21. 시간 · 날씨 · 약속

· Only solitary men know the full joys of friendship.
Others have their family ; but to a solitary and an exile his friends are everything.
고독한 사람만이 친구의 완전한 기쁨을 알고 있다. 다른 사람에게는 가족이 있지만 고독한 사람이나 유랑자에게는 친구가 전부인 것이다.

전시관 안내

몇 시입니까?

· Do you have the time?*

· 现在几点了?

* 시간이 있는지를 묻는 경우는 time앞의 the를 뺀다.

Ex : Do you have time for coffee? (커피 드실 시간이 있으세요?)

아마 당신 시계가 늦는가 보죠.

· Maybe your watch is losing time.

· 或许，这表很慢了。

准[zhǔn] : 정확하다

上发条[shàngfātiáo] : 시계태엽을 감다

그럴 리가 없죠! 이 시계는 새로 산 시계인데요.

· No way! This is a brand new watch.

· 应该不会!这表是刚买的。

제 것은 오래 되었지만 항상 정확하답니다.

· Mine's old but always keeps good time.

· 虽然买的时间长，但一直很准。

시계 밥 주는 것을 잊어 버렸어요.

· I forgot to wind my watch.

· 忘了给表上发条了。

자동 시계를 사지 그러세요?

· Why don't you buy a self-winding one?

· 怎么没买自动表呢?

깜빡 잊고 시계를 안 차고 왔어요.

· I forgot my watch.

· 忘了戴手表了。

네 시계 정확하니?

· Is your watch right?

· 你的表准吗?

약간 빠를지 몰라.

· It maybe a little fast.

· 稍微快点。

자명종이 울리지 않았어요.

· My alarm didn't ring.

· 闹表没响了。

시계 맞추셨습니까?

· Did you set your watch?

· 调好表了吗?

네 그런데 빨리 가네요.

· Yes, but it gains time.

· 可还是去得快。

오늘이 무슨 요일입니까?

· What's today?

· 今天星期几?

自动[zìdòng] : 자동의

戴[dài] : 착용하다, 끼다, 차다

稍微[shāowēi] : 약간, 조금

闹表[nàobiǎo] : 자명종

响[xiǎng] : (소리가) 울리다, 나다

调[tiáo] : 조절하다

估量[gūliang] : 대략적인, 판단을 하다, 어림잡다

估计[gūjì] : 주측하다, 짐작하다

棒球[bàngqiú] : 야구

오늘이 며칠이죠?

· What's the date today?

· 今天几月几号?

내일 다음날은 무어라 하지요?

· What's the day that comes after tomorrow?

· 明天的明天叫什么?

시간을 재어 보셨습니까?

· Did you ever time?

· 估量过时间吗?

아뇨, 단지 짐작입니다.

· No, I'm just guessing.

· 不，只是估计而已。

· 야구 게임이 몇 시에 시작하지?

· What time does the baseball game start?

· 棒球比赛几点开始?

시간이 별로 없어요.

· We don't have much time.

· 没时间。

서두르지 않으면 앞부분을 놓치겠습니다.

· Hurry up or we'll miss the beginning.

· 不抓住时间的话，前部分就不行了。

우린 언제 떠나야 합니까?

· What time should we leave?

· 我们什么时候出发?

몇 시에 출발했지요?

· What time did we start out?

· 几点出发了?

시계를 봐두질 못했어요.

· I didn't check my watch.

· 没看点儿。

저 시간이 급합니다.

· I'm in a hurry.

· 我时间很紧张。

아직 멀었어요?

· Are we there yet?

· 还远着吗?

일어날 시간이다.

· Time to get up!

· 该起床了。

오래 기다리셨어요?

· Have you been waiting long?

· 让你久等了吧?

혼쭐났어.

· I had a hard time.

· 吓坏了。/狠狠地整了一顿。

천천히 해.

· Takre your time.

· 慢慢来吧。

紧张[jǐnzhāng] : 바쁘다, 긴박하다

起床[qǐchuáng] : (잠자리에서) 일어나다

吓坏[xiàhuài] : 깜짝 놀라다, 매우 혼나다

狠狠地[hěnhěnde] : 매섭게, 호되게

整顿[zhěngdùn] : (조직, 규율, 기풍을) 바로잡다, 정돈하다

停[tíng] : 멎다, 그만 두다

好象[hǎoxiàng] : 비슷하다, 닮다

下雪[xiàxuě] : 눈이 내리다

度[dù] : (온도, 습도 등의) 도

다음 기회로 미루자.

· Let's make it some other time.

· 下次约个时间。

마침 잘 왔어.

· You're just in time.

· 来得正好。

시간 다 됐어.

· Time's up

· 到了时间了。

내 시계는 자요.

· My watch has stopped.

· 我的表已经停了。

날씨가 어때요?

· What's the weather like?

· 天气怎么样?

눈이 올 것 같은데요.

· I think it's going to snow.

· 好象天要下雪了。

지금 몇 도나 되지요?

· What's the temperature now?

· 现在几度了?

눈이 온다고 했습니까?

· Was snow predicted?

· 说要下雪吗?

눈 오는 날을 좋아하세요?

· Do you like snowy days?

· 喜欢下雪的天气吗?

비가 올 것 같네요.

· It looks like rain.

· 好象天要下雨了。

기상 통보관이 날씨가 맑을 거라고 했는데.

· The weatherman said it's going to be clear.

· 天气预报说今天是晴天。

내일 비가 오면 어쩌지요?

· What if it rains tomorrow?

· 明天要是下雨怎么办?

빗방울이 하나씩 떨어집니다.

· It's beginning to sprinkle.

· 掉雨点儿了。

비가 억수로 쏟아지고 있어요.

· It's pouring down.

· 下着大雨呢。

비를 만났습니다.

· I was caught in the rain.

· 淋雨了。/ 遇上雨了。

흠뻑 젖으셨군요.

· You're soaking wet.

· 成了落汤鸡了。

预报[yùbào] : 예보하다, 사전에 보고하다

晴天[qíngtiān] : 맑은 날, 쾌청한 날

掉[diào] : 떨어지다

淋[lín] : (물 또는 액체가 물체나 사람몸에) 떨어지다, 젖다

落汤鸡[luòtāngjī] : 물에 빠진 병아리 온몸이 흠뻑 젖어 낭패를 본 사람

* 날씨에 관한 표현들

온화하다

· It's mold.

· 暖和。 / 温和。

따뜻하다

· It's warm.

· 暖和。

덥다

· It's hot.

· 热。

습도가 높다

· It's humid.

· 潮/湿润。

날씨가 쌀쌀하다

· It's chilly.

· 天气寒冷。

바람이 분다

· It's windy.

· 刮风。

바람이 세게 분다

· It's blowing hard.

· 刮大风。

暖和[nuǎnhuo] : (기후, 환경이) 따뜻하다

温和[wēnhé] : (기후가) 따뜻하다, 온화하다

潮[cháo] : 축축하다, 눅눅하다

湿润[shīrùn] : (토양, 공기 등) 습윤하다, 축축하다

寒冷[hánlěng] : (기온이 내려가) 차다, 춥다

刮风[guāfēng] : 바람이 불다

바람이 잠잠해지고 있다.

· The wind is dying down.

· 风开始停了。

흐리다

· It's cloudy

· 天阴了。

날씨가 음산하다

· The weather is gloomy.

· 天气阴沉沉的。

춥다

· It's cold.

· 天冷。

굉장히 춥다

· It's freezing cold.

· 非常冷。

추운 정도가 아니다.

· Cold is not the word.

· 冷得要命。

안개가 끼었다

· It's foggy.

· 起雾了。

너무 더워서 아무 일도 못하겠어요.

· It's too hot to do anything.

· 天好热不能干活儿。

阴[yīn] : 흐리다

阴沉沉的 [yīnchénchénde] : (하늘빛이나 안색이) 어둠침침한 모양

要命[yàomìng] : ① 목숨을 빼앗다, 죽이다 ② 어떤 정도가 극에 달함

雾[wù] : 안개

蒸笼[zhēnglóng] : 시루, 찜통

满身[mǎnshēn] : 온몸, 전신

汗[hàn] : 땀

日程[rìchéng] : 일정

排满[páimǎn] : 가득 배열되어 있다

预约[yùyuē] : 예약하다

날씨가 푹푹 쪄요.

· What s scorcher(sizzler).

· 天气热得像大蒸笼里似的。

살인적인 무더위예요.

· The heat wave is murder.

· 热死了。

· 더워 죽겠어요.

· I'm dying of the heat.

· 快热死了。

이 더위를 정말 견딜 수가 없어요.

· I can't stand this heat. / The heat is unbearable.

· 热得要命，受不了。

땀으로 흠뻑 젖었군요.

· You're drenched with sweat.

· 满身是汗。

오늘 스케줄이 꽉 차 있어요.

· I'm booked up today.

· 今天的日程排满了。

오늘 스케줄이 빡빡해요.

· I have a tight schedule today. / I am tied up today.

· 今天日程很紧张。

선약이 있거든.

· I have a previous appointment.

· 我有事。/我有预约。

5시에 만나죠.

· Let's make it at five.

· 五点见面吧。

몇 시에 만났으면 좋겠니?

· What time do you want to make it?

· 几点见面好呢?

언제로 하면 좋을까?

· When can you make it?

· 什么时候好呢?

약속을 다음으로 미루죠.

· Let's make it some other time.

· 我们下次再约个时间好吗?

다음 주 토요일은 비워 두세요.

· Please keep next Saturday open.

· 空出下周星期六。

다음 주 토요일은 무슨 날인 줄 알아?

· Do you know what next Saturday is?

· 知道下周星期六是什么日子吗?

다음 주 토요일이 우리가 만난 지 100일이 되는 날 이구나

· Next Saturday is our 100-day's anniversary!

· 下周星期六是我们交往的100天纪念日。

空出[kòngchū] : 비우다

交往[jiāowǎng] : 왕래하다, 내왕하다

纪念日[jìniànrì] : 기념일

方便[fāngbiàn] : 편리하다

随时[suíshí] : 수시로, 언제나

任何[rènhé] : 어떠한, 무엇

连续[liánxù] : 연속하다

配合[pèihé] : 어울리다, 딱맞다

편리할 때, 언제든지.

· At your convenience, any time.

· 方便的时候，随时都可以。

언제 시간이 나죠?

· When will you be available?

What time would you be best?

What time suits you best?

When would t be most convenient?

When can you come and see me?

· 什么时候有时间?

아직 계획된 게 아무것도 없거든.

· I've got nothing planned.

· 现在没有任何计划。

마침 때를 잘 맞추어 왔군요.

· You've picked the right time.

· 你来的正是时候。

그 날에는 연달아 약속이 있어요.

· I have appointment back-to-back that day.

· 我那一天连续有约会。

제 스케줄을 좀 확인해 볼게요.

· Let me check my calendar.

· 我看一下我的日程。

제 스케줄을 당신에게 맞춰보죠.

· I'll arrange my schedule to fit(suit) yours.

· 我配合你的日程吧。

오늘 점심 약속한 것 변동 없는 거죠?

· Are we still on for lunch today?

· 今天午餐预定没有变化吗?

깜박했어요.

· It slipped my mind.

· 我忘了。

금요일 9시에 제가 가면 어떻겠어요?

· Could I come at nine o'clock on Friday?

· 星期五九点我可以过去吗?

괜찮으시다면, 저희 약속을 금요일 오후 1시로 변경했으면 합니다.

· If it's convenient for you, could we change our appointment to 1:00 on Friday?

· 如果可以的话，我们的预约时间改为星期五下午1点。

김 부장님과 시간 약속을 정하고 싶습니다.

· I would like to make an appointment with Mr. Kim.

· 我想跟金部长约个时间。

만나는 것이 가능할까요?

· Do you think it would be possible for us to meet?

· 能见个面吗?

무슨 일로 저를 보려고 하십니까?

· What do you want to see me about?

· 有什么事吗?

김 부장님과의 만남을 주선하겠습니다.

· Let me arrange for you to meet Mr. Kim.

· 我帮你跟金部长见面。

预定[yùdìng] : 예정하다

变化[biànhuà] : 변화하다

过去[guòqù] : 가다

更[gèng] : 더, 더욱, 훨씬

抽[chōu] : (시간, 틈을) 내다

귀하가 편리한 시간을 알려 주십시오.

· Please let me know a convenient time for you.

· 你说时间什么时候方便?

저를 월요일에 만나 주실 수 있는지 궁금합니다.

· I wonder if you would have time to meet with me on Monday.

· 星期一能见个面吗?

수요일이 더 좋습니다. 몇 시경이면 되겠습니까?

· I prefer Wednesday. What time would suit you?

· 星期三更好。大概几点呢?

저도 그 시간이 좋습니다. 오후 2시경에 그쪽으로 가겠습니다.

· That time is also convenient for me. I can be there around two in the afternoon.

· 我也那时间好。下午2点我过去吧。

오전에는 도저히 시간이 안됩니다.

· I can not manage the morning.

· 上午抽不出时间。

이번 주는 꽉 찼습니다.

· I am afraid I am fully booked this week.

· 这个周已经排满了。

다른 날로 옮기면 안될까요?

· Can you change it to another day?

· 可以换一天吗?

恐怕[kǒngpà] : 두려워하다, 걱정하다, 아마 ~일 것이다

다음 주 중에나 시간이 나겠습니다.

· I can make it sometime next week.

· 下周可以抽时间了。

어디서 만날까요?

· Where shall we meet?

· 在哪儿见面吗?

이쪽으로 오시겠습니까?

· Could you come here?

· 请这边来。

점심이나 먹으면서 그 문제에 대해 의논하고 싶습니다.

· I would like to discuss the matter over lunch.

· 我想吃着饭谈一谈那个问题。

점심 때 시간 좀 내 주시죠.

· Can you meet me for lunch?

· 中午可以抽时间见面吗?

아무 때나 좋다.

· Any other time will be good.

· 什么时候都可以的。

정오 전에는 곤란할 것 같네요?

· I'm afraid there's nothing available before noon?

· 中午时间恐怕没时间了。

오늘 고객과 만나기로 되어 있는데요.

· I'm supposed to meet a client today.

· 今天得跟客人见面。

改变[gǎibiàn] : 변하다, 바뀌다

道歉[dàoqiàn] : 사죄의 뜻을 표하다, 잘못함을 표하다

抱歉[bàoqiàn] : 죄송스럽게 생각하다, 미안한 마음을 가지다

满意[mǎnyì] : 만족하다, 흡족하다

김 부장님은 오늘 3시에 레이씨와 만날 약속이 돼 있습니다만, 연기를 해야겠습니다.

· Mr. Kim has an appointment with Mr. Lay today at 3. but, we are afraid that we have to postpone it.

· 金部长今天三点跟雷先生约个时间。

오래 전에 그 약속을 하지 않았나요?

· Didn't we make that appointment a long time ago?

· 好久前不是约好了吗?

회의 시간을 변경하고 싶은데요.

· I hope to change the meeting.

· 我想改变会议时间。

사과해야겠어요. 제 시간에 그곳에 못 갈 것 같아요.

· I've got to apologize. I think I can't get there on time.

· 该道歉了。我不能准时到那儿了。

대단히 죄송합니다. 변경사항에 대해 기분 나쁘게 생각하지 않기를 바랍니다.

· I'm awfully sorry. Please don't feel bad about the change.

· 非常抱歉。希望大家对变更事项满意。

Part 22. 호텔

· 睡觉就能做个梦，但不睡觉就不能做个梦。
지금 자면 꿈을 꿀 수 있지만 자지 않으면 꿈을 이룰 수 있다.

여러 상황 표현

* Code of Hotel Staff

친절하라

· Be kind

· 要友好。

정직하라

· Be honest

· 要正直。

예의 바르게 하라

· Be courtesy

· 要有礼貌。

유쾌하게 행동하라

· Be pleasant

· 要使人愉快。

友好[yǒuhǎo] : 우호적이다

礼貌[lǐmào] : 예의

使[shǐ] : (~에게) ~하게 하다, 시키다

敏捷[mǐnjié] : 민첩하다

清洁[qīngjié] : 청결하다, 깨끗하다

准确[zhǔnquè] : 정확하다, 틀림없다

观察[guānchá] : (사물, 현상을) 관찰하다

诚实[chéngshí] : 성실하다, 진실하다

节俭[jiéjiǎn] : 아끼어 쓰다, 절약하다

肃静[sùjìng] : 고요하다, 조용하다, 정숙하다

민첩하라

· Be prompt

· 要敏捷。

청결하라

· Be clean

· 要清洁。

정확하라

· Be accurate

· 要准确。

세심한 주의를 기울여라

· Be observant

· 要善于观察。

성실하라

· Be royal

· 要诚实。

검소하라

· Be thrift

· 要节俭。

학구적일 것

· Be studious

· 要好学。

정숙하라

· Be quiet

· 要肃静。

＊ Bell Desk(Check-in / Check-out)

가방을 들어다 드리겠습니다.

· May I help you with your baggage?

· 帮您带行李吗?

후론트데스크는 저쪽입니다.

· The front desk is over there.

· 前台在那边。

예약은 하셨습니까?

· Did you make a reservation?

· 预约了吗?

성함이 어떻게 되십니까?

· May I have your name?

· 您贵姓?

등록해 주시겠습니까?

· Will you please register?

· 请您登记。

방 번호는 523호입니다.

· your room number is 523.

· 您的房号是523号房间。

짐을 갖다 드리겠습니다.

· I'll bring your baggage.

· 我帮您把行李运过去。

行李[xíngli] : 짐

前台[qiántái] : 무대, 데스크

登记[dēngjì] : 등기하다, 체크인하다

运[yùn] : 나르다, 운송하다

陪[péi] : 모시다, 수행하다

电梯[diàntī] : 엘리베이터, 승강기

乘坐[chéngzuò] : (엘리베이터, 에스컬레이터, 차, 배 등에) 타다

大厅[dàtīng] : 대청, 홀

이 짐이 손님 짐입니까?

· Is this baggage yours?

· 这个行李是您的吗?

제가 손님을 안내해 드리겠습니다.

· I'll show you to your room, sir.

· 我陪您去。

이쪽으로 오십시오.

· This way please.

· 请这边走。

엘리베이트는 이쪽입니다.

· The elevator is over here, sir.

· 电梯在这边。

먼저 타십시오.

· After you please.

· 请您先乘坐。/您先请。

저희 호텔은 현관이 3층입니다.

· Our hotel lobby is located on the 3rd floor.

· 我们饭店的大厅是三楼。

5층에 닿았습니다.

· This is 5th floor.

· 到五楼了。

내려 주십시오.

· Please step out of the elevator.

· 您先请。

523호실은 이쪽입니다.

· The room number 523 is on this side, sir.

· 523号是这边。

비상구는 저쪽에 있습니다.

· Emergency exit is over there.

· 安全出口在那边。

방문을 열겠습니다.

· I'll unlock the door.

· 我帮您开门。

전등 스위치는 여기에 있습니다.

· Here is the switch for the light.

· 电灯开关在这里。

들어오세요.

· please come in.

· 请进。

여기가 옷장이며 그리고 욕실입니다.

· This is the closet and bathroom, sir.

· 这边是衣柜，那边是浴室。

난방조절은 이 조절기로 하실 수 있습니다.

· You can control the heating system with this thermostat.

· 用这个调节器能调节暖气设备。

창밖이 얼마나 경치가 좋습니까?

· How nice view out side the window.

· 窗外景色多好啊!

电灯[diàndēng] : 전등

衣柜[yīguì] : 장롱, 옷장

浴室[yùshì] : 욕실, 목욕탕

调节器[tiáojiéqì] : 제어기, 제동기, 조절기

暖气[nuǎnqì] : 스팀, 난방기

景色[jǐngsè] : 경치, 경관

桑拿浴[sāngnáyù] : 사우나

练歌厅(房) [liàngētīng]: 노래방

帐单[zhàngdān] : 계산서, 명세서

小费[xiǎofèi] : 팁, 봉사료

전화번호표와 안내서가 여기에 있습니다.

· This direction paper will show you how to use the phone.

· 电话本和指南书在这里。

1층에는 한식당과 사우나가 있습니다.

· There are Korean restaurant and Sauna on the first floor.

· 一楼有韩式餐厅和桑拿浴。

한식당은 오전 7시부터 오후 10까지 합니다.

· The Korean restaurant open from 07:00 a.m. to 10:00 p.m.

· 韩式餐厅是从早上7点到晚上10点。

2층에는 중식당과 일식당 그리고 가라오케가 있습니다.

· There are Western restaurant, Japan restaurant and Garaoke Bar on the 2nd floor.

· 二楼有韩式餐厅、日式餐厅和练歌厅(房)。

20:30분에 3층 커피숍에서 국악공연이 있습니다.

· At 20:30 there are showing folk music at the coffee shop.

· 8点30分在3楼咖啡厅有国乐表演。

뭐든지 심부름 시킬 일이 있으시면 43번을 돌려주십시오.

· If there is anything you want don't hesitate to dial 43.

· 需要服务，请按43号。

10%의 서비스차지가 계산되었으므로 팁은 주지 않아도 좋습니다.

· No thank you sir. 10% Service charge will be added on your bill, no tipping is our pride, sir.

· 百分之十的服务费已经算在帐单上，不用交小费。

방 키는 여기 있습니다.

· Here's your key.

· 房间钥匙在这里。

그럼 편히 쉬십시오.

· Please relax and enjoy yourself.

· 您多休息吧。

계산은 후론트에게 해 주세요.

· Please pay the front cashier over there.

· 到前台结帐。

오늘 떠나십니까?

· Are you leaving today?

· 今天过得怎么样?

그런데 이 짐을 잠깐만 보관시켰으면 좋겠는데요?

· I'd like to have this baggage kept here for a while.

· 我想保管这些行李。

짐을 보관하시겠습니까?

· Would you like to check this baggage here?

· 您要保管行李吗?

제가 맡아드리겠습니다.

· I'll keep it for you.

· 我为您保管。

언제쯤 찾아가시겠습니까?

· When will you want it back. sir?

· 什么时候取走呢?

钥匙[yàoshi] : 열쇠

结帐[jiézhàng] : 결산하다, 계산하다

保管[bǎoguǎn] : 보관하다

手提包[shǒutíbāo] : 핸드백, 손가방

石窟庵[shíkūān] : 석굴암

보관증 여기 있습니다.

· Here is your claim ticket for your baggage.

· 我给你保管单。

곧 찾아드리겠습니다.

· I'll get it right away.

· 马上给您找。/马上帮您拿。

오래 기다리셨습니다. 이 가방 2개와 쇼핑백 하나지요?

· Sorry to have kept you waiting. These two bags and One shopping bag, right?

· 让您久等了。这两个包和手提包对吗?

어디로 가십니까?

· Where are you going?

· 您去哪儿?

오늘은 날씨가 춥습니다.

· It's quite cold today.

· 今天天气很冷。

오늘은 날씨가 매우 덥습니다.

· It's very hot today.

· 今天天气很热。

석굴암은 택시로 왕복 10,800원입니다.

· The back and fort to Sukulam by taxi it cost about ₩10,800.

· 坐出租车去一趟石窟庵需要10,800圆。

약 1시간 30분 정도 걸립니다.

· It takes about one hour and 30 minutes.

· 大概得一个小时左右。

＊ 다시 찾아왔을 때

존 브라운씨 찾아주셔서 감사합니다.

· Mr. John Brown. Thank you for you coming.

· 非常谢谢帮我找到约翰先生。

잠깐만 기다려주십시오. 확인하여 보겠습니다.

· Just a minute. I'll check the list.

· 请稍等，我给您看一下。

몇 일간 머무르실 예정이십니까?

· How long would you like stay with us?

For how many nights, sir?

· 您打算住多长时间?

이틀간 숙박할 예정입니다.

· I'm going to stay 2 nights.

· 我要住两天了。

이 숙박 카드에 등록을 해 주시겠습니까?

· Would you please register on the card?

· 请您在宿舍登记表上登记一下。

打算[dǎsuan] : 계획하다, 예정이다

住[zhù] : 살다, 묵다

宿舍[sùshè] : 기숙사, 숙사

* 호텔회화

订[dìng] : 예약하다, 미리 약정하다

单人房[dānrénfáng] : 1인용방, 독실

投宿[tóusù] : 투숙하다

签名[qiānmíng] : 자신의 이름을 적다, 서명하다

내일 밤에 들어갈 방 예약을 하고자 합니다.

· I'd like to make a reservation for tomorrow night.

· 我想订明天晚上的房间。

내일 밤은 예약이 되어 있습니다.

· All rooms are booked up for tomorrow night.

· 明天晚上的房间已经都订满了。

빈방이 있습니까?

· Do you have any vacancies?

· 有没有空房?

방값이 얼마나 됩니까?

· What's your rate?

· 一天房费是多少钱?

1인용 방이 있습니까?

· Do you have a single room available?

· 有单人房吗?

언제 투숙하십니까?

· When are you checking in?

· 您什么时候投宿呢?

이 숙박계에 기입해 주시고 여기에 서명하시죠.

· Please fill in this card and sign here.

· 登记在宿舍登记表上后，在这儿签名一下。

해운대에 있는 그랜드호텔까지 부탁합니다.

· Take me to the Grand Hotel in Heaundae, please.

· 请送我到海云台GEAND饭店。

여기서 얼마나 되지요?

· How far is it from here?

· 离这儿多久?

택시요금은 얼마나 되지요?

· About how much will the fare be?

· 出租车费多少钱?

호텔 방을 벌써 예약을 해놓으셨습니까?

· Have you already booked a hotel room?

· 已经都订好房间了吗?

혹시 호텔을 예약해 놓으셨습니까?

· Have you made any reservation for the hotel?

· 预订饭店了吗?

예약을 아직 하지 않으셨다면, 훌륭한 식당과 호텔을 안내해 드리겠습니다.

· If you haven't made any reservations, I'll take you to a good restaurant and the hotel.

· 还没预订的话，我给您介绍一流的餐厅和饭店。

믿을만한 호텔을 한 군데 소개받고 싶습니다. 추천할만한 곳이 있습니까?

· I would like to find a reliable hotel. Could you recommend a good one?

· 请给我介绍可靠的饭店。推荐一个好吗?

海云台[hǎiyúntái] : 해운대

一流[yīliú] : ① 일류, 최고의, ② 같은 부류

可靠[kěkào] : 믿을 만하다, 믿음직스럽다

推荐[tuījiàn] : 추천하다

今晚[jīnwǎn] : 오늘밤

预订[yùdìng] : 예약하다

安静[ānjìng] : 고요하다, 조용하다

오늘밤 빈방이 있습니까?

· Have you any rooms vacant tonight?

Is there a room available tonight?

Do you have a vacancy tonight?

· 今晚有空房吗?

이곳에서 4박을 하고 싶습니다.

· I would like to stay here for 4 nights.

· 我想在这里住四天。

제 이름은 김영준입니다. 오늘밤 이 곳에 예약이 되어있을 텐데요.

· My name is Young Joon- Kim. I have reservations here for tonight.

· 我叫金英俊。我已经预订今晚的房间。

· 여기 예약 확인증(숙박권)이 있습니다.

· Here is my confirmation(voucher).

· 给你看我的预订房间单。/这是预约单。

조용한 방으로 주세요.

· I would like a quiet room.

· 给我一个比较安静的房间。/我想要一个安静的房间。

시내가(바다가) 내려다보이는 방으로 주세요.

· I'd like a room a city view(an ocean view).

· 给我一间能看见海边的房间。

지금 바로 들어가면 됩니까?

· May I enter the room now?

· 现在可以进去吗?

식사 포함입니까?

· Are meals included?

· 包括(早、午、晚)餐吗?

방 값에 모든 것이 포함되어 있습니까?

· Does the charge include everything?

· 房费里都包括了吗?

선금이 필요합니까?

· Do you require a deposit?

· 要先付定金吗?

세금과 봉사료 포함입니까?

· Including tax and service?

· 税费和服务费都包括了吗?

하루 더 묵고 싶습니다.

· I want a stay one day longer.

· 我想再住一天。

하루 앞당겨 떠나고 싶습니다.

· I want to leave one day earlier.

· 我想提前一天退房。

저는 한국에서 온 김영준입니다. 지난주 예약을 했고, 5박을 예약했으며, 공항에서 예약을 했습니다.

· I'm Kim-Young Joon from Korea. I have a reservation last week. I have a reservation for five nights. I made a reservation at the airport.

· 我是从韩国来的金英俊。上周预订了五天的房间, 是在机场预订的。

包括[bāokuò] : 포함하다

定金[dìngjīn] : 예약금, 계약금

税费[shuìfèi] : 세금

提前[tíqián] : 앞당기다

退房[tuìfáng] : 집을 반환하다, 체크아웃하다

贵重[guìzhòng] : 귀중하다

开饭[kāifàn] : 식사를 차리다. (식당에서) 배식을 시작하다

停业[tíngyè] : 영업을 일시 중지하다. 휴업하다

外线[wàixiàn] : (전화의) 외선

귀중품을 보관하고 싶은데요.

· I 'd like to leave my valuables with you. I'd like to put some valuable in safekeeping.

· 你帮我保管贵重物品。

식당은 어디입니까?

· Where is the dining hall?

· 请问，餐厅在哪儿?

아침식사는 몇 시에 되죠?

· What time is breakfast served?

· 早餐几点开饭呢? / 早餐是几点?

아침식사를 방으로 가져다주십시오.

· Please bring my breakfast to my room.

· 请把早餐送到我的房间里。

식당은 몇 시에 엽니까?

· What time does the dining room open?

· 餐厅几点开业?

식당은 몇 시까지입니까?

· How late is your restaurant open?

· 餐厅几点停业?

호텔 외부로 전화하려면 어떻게 해야 합니까?

· Could you tell me to dial out of the hotel?

· 怎么打到长途电话呢? / 外线怎么打?

택시를 한 대 불러 주시겠습니까?

· Can I call a taxi from here?

· 能帮我叫一辆出租车好吗?

방안에 열쇠를 놓고 나왔습니다.

· I locked myself out.

· 忘了把鈅匙放在房间里

비상구는 어디입니까?

· Where is the emergency exit?

· 安全出口在哪儿?

가장 가까운 소화기는 어디 있습니까?

· Where is the closest fire extinguisher?

· 最近的消化铨在哪儿? / 最近的灭火器在哪儿?

방을 바꾸고 싶습니다.

· I'd like to change my room.

· 我想换个房间。

온수가 안 나옵니다.

· There is no hot water.

· 没有热水。 / 热水不出来。

화장실의 물이 제대로 내려가지 않습니다.

· The toilet doesn't flush properly.

· 洗手间的水冲不下去。

호텔에 언제쯤 갈까요?

· When do you want me to come to your hotel?

· 什么时候去饭店呢?

내일 아침 9시경 호텔로 가겠습니다.

· I will come to your hotel at 9:00 tomorrow morning.

· 我明天上午九点去饭店。

消化铨[xiāohuàquán] : 소화전, 소화기

灭火器[mièhuǒqì] : 소화기

冲[chōng] : 물로 씻다

支票[zhīpiào] : 수표

算帐[suànzhàng] : 계산하다, 청산하다

지금 방을 비우겠습니다.

· I am checking out right now.

· 我现在退房。 / 我现在结帐。

여행자 수표(비자카드도) 받습니까?

· Do you take traveler's checks(visa)?

· 可以用旅游支票(信用卡)算帐吗?

지금 나갑니다. 계산을 해 주십시오.

· I'm leaving now. Could I get my bill?

· 现在退房，结帐一下。

계산해 주십시오.

· I want to settle my account.

· 结帐一下。

맡겨둔 귀중품을 다시 찾고 싶습니다.

· I'd like my valuable back.

· 我想取贵重物品。

편안히 잘 지냈습니다.

· I've enjoyed my stay here.

· 请慢走，欢迎再来。

1235호실 미스터 리인데 지금 나가려고 합니다. 계산서 좀 뽑아 주시겠습니까?

· This is Mr. Lee, room 1235, I'm checking out, will you make out my bill, please?

· 我是1235号的客人要退房，给我结帐。

Part 23. 식당관련 표현

· 不劳动者不得食。
일하지 않는 자는 먹지 말라.

여러 상황 표현

두 분 저녁식사할 건가요?

· Two for dinner?

· 你们两位要吃晚餐吗?

어디에 앉으시겠어요?

· Where would you like to sit?

· 两位想要坐在哪儿?

창가에 앉고 싶은데요.

· We'd prefer to sit by the window.

· 我们想要坐在靠窗户的。

무엇을 드시겠습니까?

· What would you like to have?

· 想吃什么菜?

무슨 야채를 좋아하세요?

· Which vegetables would you like?

· 喜欢吃什么样的蔬菜?

晚餐[wǎncān] : 저녁밥

窗户[chuānghu] : 창문

蔬菜[shūcài] : 채소

沙拉[shālā] : 샐러드

点菜[diǎncài] : 요리를 주문하다

米饭[mǐfàn] : 쌀밥

牛排[niúpái] : 쇠고기 스테이크

菜单[càidān] : 식단, 메뉴, 차림표

샐러드에는 무슨 드레싱을 원하십니까?

· What kind of dressing would you like on the salad?

· 两位要什么沙拉?

주문 좀 받으실래요?

· Will you take an order, please? Please take my order.

· 我们来点菜吧。

무엇이 빨리 나옵니까?

· What can be served very quickly?

· 什么菜比较上得快?

혹시 밥을 먹을 수 있을까요?

· I wonder if you have some boiled rice?

· 我们能点米饭吗?

잘하는 음식이 있습니까?

· Do you have any recommendations?

· 有没有拿手好菜?

오늘 특별요리가 있습니까?

· Do you have a recommendation today?

· 今天有特别的菜吗?

오늘은 서로인 스테이크가 좋습니다.

· The sirloin steak is specially good today.

· 今天牛排比较好。

메뉴 좀 보여주세요.

· Show me the menu, please.

· 给我们看看菜单好吗?

알라 카르테로 하겠습니다.

· We prefer a la carte.

· 我们要啊拉卡勒特咯。

스테이크를 어떻게 해드릴까요?

· How would you like your steak?

· 牛排给你们怎么烤呢?

고기는 어떻게 해드릴까요?

· How do you want your beef?

· 牛肉给你们怎么烤呢?

보통으로 익혀주세요.

· Medium, please. Make it medium, please.

· 烤得普通好吗?

· 살짝 익혀주세요.

· Rare, please.

· 烤得不老。

바싹 익혀주세요.

· I'd like it, well-done.

· 烤得老点儿。

좀 더 갖다 주시겠습니까?

· May I ask for just a bit more?

· 可以给我再来一点儿吗?

드레싱은 어떻게 할까요?

· What kind of dressing would you like?

· 想要什么调料呢?

烤[kǎo] : (불에) 굽다, 말리다

普通[pǔtōng] : 보통이다, 일반적이다

老[lǎo] : (요리시) 불기가 세다, 오래 익히다

调料[tiáoliào] : 조미료

开胃菜[kāiwèicài] : 애피타이저, 식욕을 돋구는 음식

橙汁[chéngzhī] : 오렌지 쥬스

瓶[píng] : 병

啤酒[píjiǔ] : 맥주

点心[diǎnxin] : (과자류의) 간식

에피타이저는 무엇으로 할까요?

· What appetizer do you have?

· 想要什么样的开胃菜?

음료수는 무엇을 드시겠습니까?

· What would you like to drink?

· 想要喝什么饮料?

오렌지 주스 한잔 주세요.

· Let me have a glass of orange juice.

· 给我来杯橙汁。

제 것도 같은 걸로 주세요.

· Make it two, please.

· 我也要一杯橙汁。

물이면 돼요.

· Water will be fine.

· 一杯水就好了。

맥주 한 병 주세요.

· Please give me a bottle of beer.

· 给我来一瓶啤酒。

디저트를 드시겠습니까?

· Would you care for your dessert now?

· 要不要餐后点心?

커피와 홍차 중 어느 것으로 하시겠습니까?

· Which do you prefer, coffee or tea?

· 要咖啡还是红茶?

디저트로 커피를 주세요.

· I'll have a cup of coffee for dessert.

· 给我来一杯咖啡。

아이스크림을 주세요.

· I'll try some icecream.

· 给我来点冰其淋。

어떤 향으로 하시겠습니까?

· What flavor would you like?

· 你喜欢什么味的?

아이스크림을 얹은 애플파이로 주세요.

· I'll have apple pie a la mode.

· 给我来放冰其淋的苹果派。

자기 전에 술 한잔 하실래요?

· How about a nightcap?

· 睡觉前喝一点酒怎么样?

저는 술을 입에 대지도 않습니다.

· I don't touch alcohol. I'm a teetotaller.

· 我不会喝酒。

우리는 10분씩 두 번의 커피타임이 있습니다.

· We have two 10 minute coffee breaks.

· 我们一共有两次休息时间，每次十分钟。

파티를 열거야. 오겠니?

· I'm having a party. Would you like to come?

· 我要举办个晚会，你能来吗?

咖啡[kāfēi] : 커피

冰其淋[bīngqílín] : 아이스크림

苹果派[píngguǒpài] : 애플파이

举办[jǔbàn] : (행사, 활동을) 열다, 개최하다

请客[qǐngkè] : (손님을) 초대하다, 초청하다

买单[mǎidān] : 계산하다

包[bāo] : 맡다, 책임지다

免费[miǎnfèi] : 무상으로 하다, 공짜로 하다

내가 계산할게.

· I'll pick up the tab.

· 我来结帐吧。

내가 낼게.

· This is on me. I'll take care of it.

· 我来算帐。

제가 대접할게요.

· This is my treat.

· 我来请客。

제가 살게요.

· I'm buying.

· 我来买单吧。

각자 냅시다.

· Let's go Dutch.

· 我们一起拿钱。

반반씩 냅시다.

· Let's go halves.

· 我包一半，你来包一半。

서비스하는 겁니다.

· This is on the house.

· 这个是免费的。

주문하셨습니까?

· Are you being waited on? / Are you being served?

Are you being helped? / Have you ordered?

· 你要点菜了吗?

계산서 좀 갖다 주시겠습니까?

· Can we have the check, please?

· 请拿过帐单来。

계산서는 하나로 할까요, 따로따로 할까요?

· One check or separate?

· 一起结帐还是分开结帐呢?

계산은 어디서 하죠?

· Where can I pay the bill?

· 结帐在哪儿?

얼마 드리면 되죠?

· How much do I owe you?

· 一共多少钱?

미화로 얼마입니까?

· How much is it in dollars?

· 用美元结帐，多少钱?

먹다 남은 음식을 좀 싸주세요.

· Give me a doggy bag, please.

· 剩下的菜给我打包好吗?

이 우유가 상했군요.

· This milk has gone bad. This milk is sour.

· 牛奶坏了。

이 콜라는 김이 빠졌다.

· This coke is flat.

· 这可乐漏气了

分开[fēnkāi] : 떨어지다, 분리되다

剩下[shèngxia] : 남다

打包[dǎbāo] : 포장하다, 싸다

漏气[lòuqì] : (공기가) 식다, 김이 빠지다

硬[yìng] : 단단하다, 딱딱하다

肚子[dùzi] : 배

饿[è] : 배고프다

物美价廉
[wùměijiàlián] : 물건도 좋고 값이 싸다

이 빵은 오래되어 굳어 있다.

· This bread is rotten.

· 这面包很长时间了，已经很硬了

어떤 류의 음식을 먹기를 원하십니까?

· What kind of food would you like to eat?

· 想要吃什么菜?

뭘 좀 드시겠습니까?

· Would you like something to eat?

· 要不要吃点儿?

무척 배가 고프군요. 뭘 좀 먹을까요?

· I am very hungry. Shall we get something?

· 肚子很饿了。要吃一点儿东西。怎么样?

뭔가 좀 먹었으면 합니다.

· I would like to have something to eat.

· 我想吃点儿东西。

좋은 식당의 이름을 좀 알려주세요.

· Could you tell me the name of some good restaurant?

· 请告诉我比较好餐的餐厅的名字。

별로 비싸지 않은 곳에 가서 먹고 싶습니다.

· I would like to go to an inexpensive restaurant.

· 我想去物美价廉的地方吃饭。

한국음식을 드시겠습니까? 양식을 드시겠습니까?

· Which do you like better, Korean food or Western food?

· 你想要吃韩式还是西式?

제가 자주 가는 명동의 한 식당으로 갈까요?

· Shall we go to a restaurant in MyungDong where I often go to?

· 我常常去的明洞餐厅，怎么样?

오늘 저녁 7시에 4명의 자리를 예약하고 싶습니다.

· I would like to reserve a table for four at seven this evening.

· 今天晚上七点我想订四个人的座位。

이 자리는 예약되어 있습니까?

· Are these seats reserved?

· 这个座位订出去了吗?

이건 무슨 음식입니까?

· What kind of dish is this?

· 这个是什么菜?

정식을 먹겠습니다.

· I'll have the table d'hote.

· 我想吃套餐。

이걸로 주십시오.

· Please give me this one.

· 请给我这个。

저것과 같은 걸로 주세요.

· May I have the same as that one?

· 请给我跟那个一样的。

좀 더 드시겠어요?

· Would you like something more to eat?

· 还要吃一点儿吗?

座位[zuòwèi] : 좌석, 자리

套餐[tàocān] : (잘 조합된) 세트요리

零钱[língqián] : 잔돈

冰箱[bīngxiāng] : 냉장고, 아이스박스

一般[yībān] : 같다, 일반적으로 보통이다

份[fèn] : (양사) 음식점에서 제공하는 음식물의 양을 셀 때, ~인분

좀 서둘러 주시겠어요?

· Would you mind hurrying?

· 请快一点好吗?

주문한 요리가 아직 나오지 않았습니다.

· My order hasn't come yet.

· 我点的菜还没上呢。

잔돈은 가지세요.

· Keep the change.

· 零钱不用找了。

냉장고 안을 보시면 마실 것이 있습니다.

· You can find drinks in the refrigerator.

· 冰箱里有饮料。

전 맛있는 것을 고르겠어요.

· I'll select something tasty.

· 我要点好吃的。

점심엔 주로 무엇을 드십니까?

· What do you usually have for lunch?

· 中午一般吃什么饭?

충분히 돌아갈 수 있도록 주문합시다.

· Let's order enough to go around.

· 我们多点一些吧。

4인용으로 해주세요. 친구들이 올 겁니다.

· Make that four, please. We're expecting friends.

· 给我准备四份，我朋友们马上到。

칵테일을 드시겠습니까?

· Would you like cocktail?

· 要不要喝鸡尾酒(调酒)?

포도주 목록만 주세요.

· Just a wine list, please.

· 给我看看葡萄酒种类。

이제 곧 웨이트리스가 올 겁니다.

· Your waitress will be right with you.

· 女服务员马上到。

여기가 당신이 말하던 곳인가요?

· Is this the place you mentioned?

· 这儿是你说的地方吗?

아침에 오렌지 주스 만들어 두었는데, 같이 마시자.

· I squeezed some orange juice this morning. Let's have some.

· 早上我做了橙汁，一起喝吧。

내가 커피 끓일게.

· I'll make some coffee.

· 我来煮咖啡吧。

저녁식사나 하고 가세요?

· Can you stay for dinner?

· 一起吃晚饭后再走吧?

한잔만 더하고 일어서지?

· How about one more for the road?

· 再来喝一杯再走好吗?

鸡尾酒(调酒)[jīwěijiǔ] : 칵테일

葡萄酒[pútáojiǔ] : 포도주

煮[zhǔ] : 끓이다, 삶다

泡[pào] : 적시다

酒缸[jiŭgāng] :술 독

醉[zuì]: (술에)취하다

通宵[tōngxiāo] : 밤을 지세우다, 밤을 새다

饶[ráo] : 용서하다

勉强[miănqiăng] : 마지 못하다, 어쩔 수 없다, 강요하다

2차 가자. 내가 쏠게. 오늘밤은 진탕 마시고 망가지는 거야.

· How about another drink at some other place? I'll treat you. Let's hit the booze tonight.

· 下面第二次我来请客。今天晚上泡在酒缸里。

난 됐어. 한잔 더하면 집에 못 갈 것 같아. 난 벌써 취했다고.

· Nothing for me, thanks. If I drink one more I won't be able to get home. I'm already pretty high.

· 我够了，如果再来一杯我就走不了了，我已经醉了。

무슨 소리야! 아직도 초저녁인데, 밤새도록 마셔보자구.

· No way! The night is still young. Let's make a night of it.

· 说什么?时间还早呢，喝个通宵吧。

제발 나 한번만 봐주라!

· Come on. Give me a break!

· 千万饶我一次吧

원샷! 쭉 들이켜!

· Bottoms up!

· 干杯吧。

억지로 마시지 마세요.

· Don't force yourself.

· 不要勉强自己喝酒。

어젯밤에 술을 많이 마셨어요

· I put away a few last night.

· 昨晚喝酒太多。

승진을 축하하는 의미에서 건배!

· Here's to your promotion!

· 祝你升职，干杯!

요즘 계속 해산물이 먹고 싶었어.

· I've been craving for seafood lately.

· 最近我想吃海鲜。

아침식사 하렴.

· Breakfast is ready.

· 用早餐吧。

먼저 메뉴를 보여주세요.

· Let me see the menu first, please.

· 我先看看菜单。

기분전환을 위해 한번쯤 외식하는 것이 어때요?

· Why don't we eat out for a change?

· 为了换换气氛，抽个时间去外面吃饭怎么样?

목이 마른데 가서 콜라나 사 먹을까보다.

· I feel thirsty. I suppose I'll go buy a Coke.

· 我很渴，想去买一瓶可乐喝。

내가 주문한 것 어떻게 된 거요?

· What's holding my order?

· 我点的怎么回事?

한잔 하는 게 어때?

· What do you say if let's go and have a drink?

· 喝酒怎么样?

升职[shēngzhí] : 승진하다

海鲜[hǎixiān] : 해산물

菜单[càidān] : 메뉴

气氛[qìfēn] : 분위기

带走[dàizǒu] : 가지고 가다

食疗[shíliáo] : 식이요법

鸡尾酒[jīwěijiǔ] : 칵테일

现在为止[xiànzàiwéizhǐ] : 지금까지

여기서 먹겠습니까, 아니면 가지고 가시렵니까?

· To stay or to go?

· 在这儿吃还是带走?

식이요법을 하시나요?

· Are you on a diet cure?

· 要做食疗吗?

하루에 몇 잔의 커피를 마십니까?

· How many cups of coffee do you have a day?

· 一天喝几杯咖啡呢?

한잔 더하러 가자!

· Let's have another round!

· 再来一杯喝酒就走。

맥주는 어떤 게 있어요?

· What do you have a tap?

· 都有什么啤酒?

잭 데니얼 한잔 주세요.

· Give me a shot of jack.

· 再来一杯鸡尾酒吧。

언더록으로 스카치 한잔 주세요.

· gimme a Scotch on the rocks.

· 给我倒一杯调酒。

지금까지 몇 병째예요?

· How many drinks have you had?

· 到现在为止一共喝了几瓶呢?

이것만 마시고.

· Let me finish this one.

· 最后喝这个吧。

토해야겠어.

· I have to puke.

· 我要吐了。

맥주 한병 주세요.

· Give me a cold one.

· 拿一瓶啤酒吧。

너 한술 하는구나.

· You drank like a fish.

· 你能喝酒啊。

어째, 병나발을 분다 했어!

· Well, you drank out of bottle!

· 怎么，你把瓶子里的酒喝光了。

이 술 독하니?

· Is it strong?

· 这个酒度数高吗?

누가 계산할래?

· Who's going to pick it up?

· 由谁来结帐?

내가 쏠게.

· This one's on me.

· 我来付钱吧。我来请客吧。

吐[tù] : 구토하다

喝光[hēguāng] : 다 마시다

度数[dùshu] : 도수

付钱[fùqián] : 돈을 지불하다

进口[jìnkǒu] : 수입하다, 항구에 들어오다

简单[jiǎndān] : 간단하다

西式[xīshì] : 서양식, 양식

干杯[gānbēi] : 건배하다, 술잔을 비우다

수입 맥주는 팔지 않습니다.

· We don't carry imports.

· 不卖进口啤酒。

이건 내가 쏠게.

· Let me get this.

· 这个由我来请客。

간단하게 요기나 하자.

· Let's grab a bite to eat. Let's have a quick bite.

· 简单地吃一点儿。

뭐든 다 먹을 수 있어.

· I could eat a horse.

· 什么菜都能吃。

괜찮은 레스토랑은 모두 꽉 찰 텐데.

· I'm sure every decent restaurant is going to be packed.

· 比较好的西式餐厅都坐满了。

이미 다 예약이 됐으면 어쩌지.

· I'm afraid they're all booked up already.

· 已经都预订出去了，怎么办?

거기엔 빈자리가 있을 거야.

· They'll have a spot open.

· 可能在那儿有座位。

다같이 건배합시다.

· Let's make a toast.

· 大家一起干杯吧。

그녀는 술이 세.

· She holds her liquor well.

· 她酒量大。

내가 너보다 술이 세지.

· I can drink you under the table.

· 我的酒量比你大。

숙취로 몸이 괴로워.

· I have a hangover. I'm hung. I'm wasted.

· 烂醉对身体不舒服。

오늘 저녁에 와인 한잔 어떠십니까?

· Would you like any wine this evening?

· 今晚喝葡萄酒怎么样?

전 와인에 대해 잘 모르는데 추천 좀 해주실 수 있으세요?

· I don't know about wine very well. Would you recommend some wine for me?

· 我不懂葡萄酒，给我推荐葡萄酒好吗?

이 요리에는 어떤 레드와인이 좋은가요?

· Which red wine would you recommend for the meal?

· 这个菜比较适合什么红葡萄酒呢?

좀 강한 맛을 원하십니까, 아니면 가벼운 맛을 원하십니까?

· Which do you prefer, a full-bodied taste or a light-bodied?

· 要浓的还是淡的?

그럼, 보졸레 누보나 저희 집의 하우스 와인을 들어보시죠.

· Then, I would recommend Beaujolais Nouveau or our house wine.

· 那么，尝一尝我家的葡萄酒。

酒量[jiǔliàng] : 주량

烂醉[lànzuì] : (술에) 크게 취하다, 대취하다

适合[shìhé] : 적합하다, 알맞다

浓[nóng] : 짙다

淡[dàn] : 약하다, 싱겁다

切[qiē] : 자르다, 썰다

冰块[bīngkuài] : 얼음덩이

奶油[nǎiyóu] : 황유, 크림

炸[zhá] : 튀기다

油腻[yóunì] : (기름기가 많아) 느끼하다

이걸 반으로 잘라주시겠어요?

· Would you cut it in half?

· 这个给我切一半好吗?

이건 제가 주문한 것이 아닌데요.

· This isn't what I ordered.

· 这个不是我点的。

제 콜라에 얼음은 넣지 마세요.

· Don't put any ice in my Coke.

· 我的可乐里别加冰块。

치즈는 넣지 마세요.

· Hold the cheese, please.

· 别放奶油。

스토로우는 어디에 있어요?

· Where are the straws?

· 吸管在哪儿?

여기서 먹을 거예요.

· For here, please.

· 我要在这儿吃。

감자튀김에 기름이 너무 많군요.

· These fries are too greasy.

· 炸土豆太油腻了。

음료수 좀 리필해 주시겠어요?

· Can I get a refill?

· 再来一杯饮料好吗?

필름이 끊겼던 것 같아.

· I think I blacked out.

· 喝醉了想不起来。

소식하세요?

· Do you eat like a bird?

· 你节食吗?

어쩜 그렇게 날씬해요? 비결이 뭐예요?

· You're so slim! How do you do it?

· 怎么这么苗条? 秘诀是什么?

정말 많이 먹었어요.

· I really ate like a horse.

· 真的吃得很多呢。

전 식욕이 왕성해요.

· I have appetites like wild animals.

· 我的食欲很好。

입맛이 없어요.

· I lost appetite.

· 没有胃口。

저는 절대 과식하지 않아요.

· I never pig out.

· 我决不能吃得过多。

군침이 도는군요.

· My mouth is watering.

· 流口水了。

节食[jiéshí] : 절식하다, 음식을 절제하다

苗条[miáotiao] : (여성 몸매가) 가늘다, 날씬하다

秘诀[mìjué] : 비결

食欲[shíyù] : 식욕

胃口[wèikǒu] : 식욕, 입맛

口水[kǒushuǐ] : 군침

闻[wén] : (코로) 냄새를 맡다

粥[zhōu] : 죽

味道[wèidao] : 맛

怪[guài] : 이상하다

香脆[gāncuì] : 담백하다

新鲜[xīnxiān] : 신선하다

참 맛있군요. 맛있는 냄새가 나는군요.

· Something smells delicious.

· 真好吃。闻起来好香啊。

이 수프 아주 좋군요.

· This soup really hit the spot.

· 这个粥很好。

음식 정말 끝내준다!

· The food was out of the world!

· 这个菜味道不错。

이렇게 맛있는 음식은 처음이에요.

· I don't remember having such a great meal.

· 我从来没尝过这样的菜。

이 음식 맛이 이상해.

· This food doesn't taste right.

· 这个菜的味道有点怪。

음식이 형편없었어요.

· The food was awful(terrible).

· 这个菜不行了。

담백하군요.

· It tastes bland.

· 味道很香脆。

빵이 오래되어 약간 딱딱해요.

· The old bread is a bit stale.

· 面包不新鲜了，有点儿硬。

고기가 덜 익어서 질겨요.

· The undercooked meat is tough.

· 肉还没熟，咬不动。

좀 싱거운 것 같아요.

· This wants a touch of salt.

· 有点淡儿。

소스를 너무 많이 쳤어요.

· There's a bit too much sauce.

· 调料放得太多了。

내 식성에 안 맞아요.

· It doesn't agree with me.

· 不合口味。

매운 음식 잘 먹어요?

· Are you accustomed to spicy food?

· 你能吃辣的吗?

아무거나 잘 먹습니다. 음식은 가리지 않아요.

· I eat anything. I'm not particular about what I eat.

· 什么都能吃。我不挑食。

다음에는 미리 전화해주셔야 합니다.

· Next time you should call ahead.

· 下次提前打电话给我。

음식이 탔습니다.

· This food is burned.

· 菜糊了。

熟[shú] : (음식이) 익다

咬[yǎo] : 물다, 깨물다

调料[tiáoliào] : 조미료

口味[kǒuwèi] : 맛

辣[là] : 맵다

挑食[tiāoshí] : 편식하다

糊[hú] : (식품, 옷 등이) 눋다

丰盛[fēngshèng] : 풍부하다, 성대하다

厨师[chúshī] : 요리사

敬意[jìngyì] : 경의, 예의

碗[wǎn] : 공기, 그릇

经费[jīngfèi] : 경비, 비용

이 음식값은 낼 수 없습니다.

· I refuse to pay this meal.

· 这个菜我不能付钱。

음식이 굉장해.

· The food is marvelous.

· 饭菜非常丰盛。

이 음식은 이제껏 먹어본 것 중 최고야.

· This food is the best food I've ever tasted(had).

· 到现在为止我觉得这个菜最好。

주방장님께 경의를.

· My compliments to the chef.

· 我想向厨师敬意。

한 그릇 더 드시겠어요?

· Would you like seconds?=Would you care for another helping?

· 再来吃一碗米饭怎么样?

뭐 필요하신 거라도?

· Can I bring you anything else?

· 还需要别的吗?

너무 많이(모자라게) 청구된 것 같습니다.

· I may have been overcharged(undercharged).

· 好像饭菜经费的结帐比我想得多得很呢?

Part 24. 전화관련 표현

· 不人虎穴,焉得虎子。
범의 굴에 들어가야 범을 잡는다

전시관 안내

(1) 일반 표현

여보세요, 거기가 브라운 씨 사무실입니까?

· Hello, is this Mr. Brown's office?
· 喂!! 是不是约翰的办公室?

办公室[bàngōngshì]
: 사무실

接电话[jiēdiànhuà]
:전화를 받다

브라운 씨 좀 바꿔 주시겠습니까?

· Can(May) I speak(talk) to Mr. Brown?
· 请接约翰电话好吗?

누구십니까?

· Who's this? / Who's calling, please?
Who's speaking? / Whom am I speaking to?
· 你是哪位呢?

잠깐만 기다리세요. 바꿔 드리겠습니다.

· Hold on a second, please. I'll put him on.
(I'll put you through to him).
· 请稍等，我让他接电话。

联络处[liánluòchù] : 연락처

出差[chūchāi] : 출장가다

조금 전에 전화했던 사람입니다.

· I just called a minute ago.

· 我是刚才打电话的人。

들어왔다가 조금 전에 다시 나갔어요.

· She came and went a few minutes ago.

· 进来不久就出去了。

혹시 연락처를 아세요?

· Do you happen to know where I can reach him/her?

· 知不知道联络处?

너한테 연락하려면 어디로 하면 되니?

· Where can I reach you?

· 跟你怎么联络呢?

김 선생님, 전화 왔는데요.

· Mr. Kim, the phone's for you. [There's (a call for you.)]

· 金先生，刚才来了您的电话。

누구한테서 왔습니까?

· Who is it from?

· 谁打来的电话?

어쨌든 받아보세요.

· Well, take the phone.

· 那么请您接电话。

업무관계로 외출중인데요.

· He's out on business.

· 出差去了。

언제쯤 돌아올까요?

· (May I ask) when he's coming back?
=When do you expect him back?)

· 什么时候才回来呢?

전할 말씀 있으세요?

· Can I take a message?

· 有没有转告的话?

어느 미스터 김을 찾으세요?

· Which Mr. Kim are you calling?

· 您找哪个金先生呢?

몇 번에 전화하시는 겁니까?

· What number are you calling?

· 你打的号码是多少?

전화를 잘못 거셨습니다.

· You have the wrong number(You've got a wrong number).

· 你打错了。

전화번호는 맞습니다만, 여기 그런 분이 안 계십니다.

· You have the right number, but there's no one here by that name.

· 电话号码是对的，但没有你找的人。

안 계신데요.

· He's not in. (He is not here right now.=He is not available.=He's out)

· 不在。

转告[zhuǎngào] : 전하다, 전달하다

号码[hàomǎ] : 번호

打错[dǎcuò] : 잘못 치다, 잘못 걸다

辞职[cízhí] : 사직하다, 그만두다

占线[zhànxiàn] : (전화가) 통화중이다

부산에 가고 안 계신데요.

· He's gone to Busan.

· 不在，到釜山去了。

그분 여기 그만두셨는데요.

· He no longer works here.

· 那个人现在不干了。

그분 얼마 전에 그만두셨습니다.

· He quit some time ago.

· 那个人前几天辞职了。

그분 지금 통화중인데요.

· He is on another line.

· 他正在接别的电话呢。

기다리시겠습니까? 아니면 나중에 다시 거시겠습니까?

· Will you hold on or call again?

· 你要等还是再打?

통화중입니다.

· The line is busy. / The line is engaged. / He's on the phone. He's speaking on the other line. / He's on another line.

· 正在占线呢。

나중에 다시 걸겠습니다.

· I will call back later.

· 过一会儿再打吧。

그럼, 말씀 좀 전해주시겠습니까?

· Can I leave a message, then?

· 清转告, 好吗?

들어오시는 대로 751-7639번으로 전화 좀 주시라고 전해주십시오.

· Please have him call me at 751-7639 as soon as he gets back.

· 转告一下他回来就打751-7639给我。

저는 미스터 김이라고 하는데 저한테 전화 걸어달라고 하셨다기에 전화드리는 겁니다.

· This is Mr. Kim returning your call.

· 我姓金，你刚刚打电话找我，是吗?

전화 기다리고 있던 참이었습니다.

· I've been expecting your call.

· 正在等着电话呢。

무슨 용건으로 전화하신 겁니까?

· What is this regarding?

· 有什么事打电话找我呢?

아직도 통화중입니다.

· The line is still busy.

· 还在接别的电话。

스미스 씨가 나왔습니다. 말씀하세요.

· Mr. Smith is on the line. Go ahead, please.

· 跟史密斯接通了，请讲。

구내 257번 좀 연결해주세요.

· Give me extension 257, please.

· 请转257号。

계신지 볼게요.

· I'll see if he's in.

· 我来看看人在不在。

刚刚[gānggang] : 막, 방금

接通[jiētōng] : 연결되다, 통하다

查号台[cháhàotái] : 전화번호 안내대

打听[dǎtīng] : 알아보다, 물어보다

下班[xiàbān] : 퇴근하다

拨[bō] : 누르다, (전화를) 누르다, 걸다

2번 전화 받으세요.

· Pick up line two, please.

· 请接二号吧。

이 전화를 ~로 돌려 주시겠습니까?

· Would you transfer this call to~?

· 请转~好吗?

114를 돌려 번호를 알아보시지 그러세요?

· Why don't you dial 114 and ask for (it)the number?

· 打到114查号台打听一下。

이렇게 통화하는 것도 오래간만입니다.

· Long time no talk.

· 好久没跟你通话了。

누구시라고 할까요?

· Who shall I say is calling?

· 我怎么对他说你?

퇴근하고 안 계신데요.

· He has gone for the day.

· 已经下班了。

방금 나가고 안 계신데요.

· He has just gone out.

· 刚出去了。

몇 번에 전화하셨지요?

· What number did you dial?

· 你拨的号码是多少?

잠깐만요. 펜을 준비하죠.

· Just a second. Let me get a pen.

· 请稍等，我找一支笔。

혼선이 된 것 같아요.

· The line seems to be crossed.

· 电话现在串线。

잠깐 자리 비우셨는데요.

· He has just stepped out.

· 现在出去了，但马上就会回来的。

누구 전화예요?

· Who's the phone(line)?

· 是谁打来的电话呢?

2번 전화로 받을게요.

· I'll take it on line two.

· 我来接二号电话吧。

전화상태가 좋지 않군요.

· We have a bad connection.

· 接电话听不清楚。

다른 전화로 받겠습니다.

· Let me go to another line.

· 换别的电话接吧。

안 들려요.

· I can't hear you.

· 听不见。

串线[chuànxiàn] : 혼선되다

清楚[qīngchu] : 분명하다, 명확하다

换[huàn] : 바꾸다, 교환하다, 교체하다

家庭[jiātíng] : 가정

断线[duànxiàn] : 선이 끊어지다

留言[liúyán] : 말을 남기다, (메모를) 남기다

长途电话 [chángtúdiànhuà] : 장거리 전화

여긴 가정집인데요.

· This is a residential number.

· 这儿是家庭电话。

저에게 전화해달라고 전해주세요.

· Please have him give me a ring.

· 请转告他给我打电话。

혹시 전화가 끊어지면 2000-1234로 전화하세요.

· If you get disconnected, you can dial him at 2000-1234.

· 如果电话断线，给打2000-1234找我。

전화가 끊겼습니다.

· We got cut-off.

· 电话断线了。

'삐' 소리 후 메시지를 남겨주세요.

· Please have a message after the beep.

· 听到"哔"的声音后请留言。

제가 받을게요.

· I'll get it.

· 我来接电话。

외부로 전화하려면 어떻게 하죠?

· How do I get an outside line?

· 怎么打长途电话?

전화 온 데 없어요?

· Did anybody call me?

· 有没有来过电话?

신호음이 안 떨어져요.

· I can't get a dial tone. / The phone is out of order.
The phone is dead.

· 电话还没接通呢。

나 대신 누가 전화 좀 받아줄래요?

· Will someone get that phone for me?

· 可不可以替我接电话?

9번을 누른 다음에 원하는 번호를 누르세요.

· Dial 9 and the number you want.

· 先拨9号后打你需要的号码。

그는 지금 전화를 받을 수 없습니다.

· He can't come to the phone.

· 他现在不能接电话。

전화 배터리가 다 된 것 같아요.

· My battery seems to have gone out.

· 手机电池就要没电了。

그렇다면 용건만 간단히 말할게요.

· Well, I'll tell you in a nutshell.

· 那么，我简单说一下。

죄송합니다, 지금은 외출중입니다.

· Sorry he's not at home at the moment.

· 对不起，他不在了。

替[tì] : 대신하다, 대신해 주다

电池[diànchí] : 건전지, 배터리

联络[liánluò] : 연락하다

国外[guówài] : 외국, 국외

지금은 전화를 받을 수 없습니다.

· I can't answer the phone right now.

· 现在我不能接电话。

연락드리겠습니다.

· I'll get back to you.

· 我会跟你联络。

김 선생님은 출장중이십니다.

· Mr. Kim will be out of town.

· 金先生正出差呢。

그는 외근중이신데요.

· He's away on business.=He's out on business.

· 他在外边工作着。

그는 해외 출장중인데요.

· He's abroad on business.

· 他在国外出差呢。

김 선생님 직통 번호를 좀 알 수 있을까요?

· Would you tell me what number should I call to reach him directly?

· 可不可以告诉我金先生的电话号码?

전화상태가 안 좋아요.

· This is a terrible connection.

· 电话听不清楚。

죄송하지만 아직 출근 전이십니다.

· I'm sorry, he is not in yet.

· 对不起，还没上班了。

(2) 기타 전화상의 긴요한 표현

자네 전화야!

· It's for you.

· 是你的电话。

그대로 기다려주십시오. 지금 불러올 테니까요!

· Hold the line, please. I'll get him to the phone.

· 请稍等。马上叫他过来。

전화 왔습니다.

· There's a call for you. or You're wanted on the phone.

· 来了电话。

~씨 전화입니다. 안내실까지 와주십시오.

· Mr. ~ is wanted on the phone. Please come to the information desk.

· 是~先生/女士的电话。请到传达室来。

Mr. ~씨 금요일까지 출장중이신데요.

· I'm afraid, Mr. ~ will be out of town until Friday.

· 正在出差呢。

그는 외근중입니다.

· He's away on business. / He's out on business.

· 正在外边工作着。

그는 해외 출장중입니다.

· He's abroad on business.

· 他正在海外出差呢。

传达室[chuándáshì] : 안내실

海外[hǎiwài] : 해외, 국외

挂电话[guàdiànhuà]
: 전화를 끊다

전화하라고 전해드릴까요?

· Would you like him to call you back?

· 让他给你打过去吗?

나중에 또 걸겠습니다.

· I'll call back.

· 以后再打电话。

다시 걸겠다고 전해주세요.

· Tell him I'll call back.

· 请转告他我会再打电话的。

기다릴까요, 아니면 끊을까요?

· Shall I hold on or hang up?

· 我要等还是挂电话?

(3) "전화를 걸다"라는 표현

전화할게요.

· I'll call you.

· 我给你打电话。

후에 전화하세요.

· Call me later.

· 以后再打吧。

후에 전화해주세요.

· Call me later, won't you?

· 以后再给我打电话。

내일 전화해주세요.

· Give me a call tomorrow.

· 明天给我打电话。

3시에 전화해주세요.

· Ring me up at three.

· 三点给我打电话。

나에게 전화해줄래요?

· Why don't you give me a ring?

· 给我打电话好吗?

오늘밤에 전화해 주시겠어요?

· Why don't you ring me up tonight?

· 今晚给我打电话好吗?

곧 전화할게요.

· I'll give you a ring soon.

· 马上给你打电话。

언제라도 전화하세요.

· Buzz me any time.

· 随时给我打电话。

그에게 전화해봅시다.

· Let's give him a buzz.

· 给他打电话吧。

전화로 그를 불러낼까요?

· Shall I phone him (up)?

· 打电话让他出来怎么样?

随时[suíshí]: 수시로, 언제나

通话[tōnghuà] : 이야기하다, 통화하다

好不容易[hǎoburóngyi] : 가까스로, 겨우, 간신히

그를 바꿔주세요. 그에게 할 말이 있어요.

· Get him on the phone. I'll talk to him.

· 请让他接电话。我有话跟他说。

당신이 있는 곳으로 전화해도 괜찮겠습니까?

· Do you mind my telephoning your place?

· 我可以打到你那儿吗?

좀처럼 당신과 통화할 수 없었어요.

· I couldn't get through to you.

· 跟你通话好不容易啊。

그를 바꿔주세요.

· Get him on the wire.

· 请让他接电话。

저 자 : 김영준

부산 동의대학교 경제학박사
현재 부산경상대학 관광 · 외국어학부 호텔 · 관광경영과 교수

정양수

중국 국립산동대학 중어중문학과 문학박사
현재 부산경상대학 관광 · 외국어학부 관광중국어과 교수

비지니스·관광
영어·중국어 실용회화

1판 1쇄 찍음 • 2008년 8월 20일
1판 1쇄 펴냄 • 2008년 8월 30일

저 자 • 김영준 · 정양수 공저
발행인 • 정 현 걸
발 행 • 신 아 사
인 쇄 • 예지인쇄

출판등록 • 1956년 1월 5일 (제9-52호)
서울특별시 은평구 녹번동 28-36 2F
전화 (02)382-6411 • 팩스 (02)382-6401
홈페이지 • www.shinasa.co.kr
E-mail • shinasa@chol.com

ISBN 978-89-8396-596-7

정가 *12,000* 원